Ronny Kühn
Falsche Chefs. Wahre Leader.

Falsche Chefs. Wahre Leader. Was gute Führung wirklich ausmacht

Ronny Kühn

Ein ehrlicher Ratgeber für Unternehmerinnen und Unternehmer, Führungskräfte und Mitarbeitende

Bibliografische Information der Deutschen Nationalbibliothek: Die Deutsche Nationalbibliothek verzeichnet diese Publikation in der Deutschen Nationalbibliografie; detaillierte bibliografische Daten sind im Internet über dnb.dnb.de abrufbar.

Lektorat: Textfein e. U. in A-7400 St. Martin in der Wart

Verlag: BoD · Books on Demand GmbH, In de Tarpen 42, 22848 Norderstedt, bod@bod.de
Druck: Libri Plureos GmbH, Friedensallee 273, 22763 Hamburg

ISBN 978-3-7693-5252-8

INHALTSVERZEICHNIS

„Management is doing things right;
leadership is doing the right things."
– *Peter F. Drucker*

1 Vorwort

In Zeiten der Globalisierung erleben wir nahezu tagtäglich, dass Firmen durch mangelnden Gewinn aufgekauft werden bzw. noch viel öfter in Konkurs gehen. Da ist nicht nur durch Berichterstatter etwaiger Medien die Frage erlaubt: Wie ist so etwas möglich?

Sowohl Arbeitnehmer als auch Unternehmer sollten sich die Frage stellen: Haben Führungskräfte überhaupt die notwendige Kompetenz oder steckt nur die Absicht dahinter, möglichst viel Geld zu verdienen, um dann auf das nächste Schiff zu wechseln?

In meiner langjährigen beruflichen Laufbahn habe ich viele Führungskräfte kommen und gehen sehen. Dabei wurde mit jeder Führungskraft die große und vor allem gewinnbringendere, kundenorientiertere, nachhaltigere Veränderung im Unternehmen versprochen. Seltsamerweise waren es dieselben Personen, die nach durchschnittlich drei Jahren das nun sinkende Schiff still und heimlich mit einer gut verhandelten Bonuszahlung verließen.

Kurz darauf wird seitens der Unternehmensführung bzw. des Managements eine neue – und natürlich noch viel kompetentere – Führungskraft installiert. Die Floskeln und leeren Versprechungen sind inhaltlich dieselben, nur die Formulierungen mit dem persönlich abgestimmten Auftreten sind im Detail etwas anders als beim Vorgänger. Oder anders ausgedrückt: gleicher Inhalt, nur andere Verpackung.

Doch nicht nur in Firmen findet diese Verblendung statt, sondern auch in der Politik und in Partnerschaften bis hin zur Werbung oder zu Produktversprechen. Tagtäglich sind Sie persönlich mehr Lügen ausgesetzt, als Ihnen lieb sein mag. Durch diese Masse an falschen Versprechungen fällt Ihnen dies allerdings kaum noch auf. Die mittlerweile in Mode gekommenen „Fake News" sind übrigens nur ein

Bruchteil von offensichtlichen Unwahrheiten.

In diesem Buch möchte ich auf das grundlegende Problem von unqualifizierten Führungskräften – unabhängig davon, ob weiblich oder männlich, jung oder alt – eingehen, denn eines ist sicher: Es ist kein Einzelfall, sondern die bestätigte Regel unserer Zeit und Generation. Akzeptieren wir weiterhin leere Produktversprechen, Marketing Slogans, die bestenfalls in einem Märchenbuch Platz finden, und Inkompetenz von Personen, die eine Firma, ein Team oder ein Projekt leiten, so werden die künftigen Herausforderungen zu gewaltigen Problemen. Die Covid-19-Pandemie hat es uns mehr als verdeutlicht: Wenn Chaos, Unvernunft, Unwissen und Inkompetenz – gepaart mit mangelnder Kommunikationsfähigkeit – weitreichende Entscheidungen treffen, so werden wir früher oder später dafür bezahlen.

Dieses Buch ist primär für Visionäre, Unternehmer und Führungskräfte mit Weitblick sowie Personen gedacht, die hinter die Fassade blicken und ihr Schiff oder ihre berufliche (und private) Zukunft nicht von anderen Personen in den nächsten Eisberg steuern lassen wollen. Egal, ob es sich dabei um eine Beziehung, ein Team, eine Firma oder ein Projekt handelt.

Lassen Sie sich nicht weiter an der Nase herumführen, identifizieren Sie Personen, die Ihr persönliches Ziel boykottieren und Ihnen Geld, Nerven und letztendlich Ihr Leben kosten können. Erfolg und Glück kommen nicht nur vom Arbeiten allein, sondern sind primär Ergebnis der Zusammenarbeit mit den richtigen Personen und gut überlegten Entscheidungen.

Es wird Zeit zu handeln.
Also schnallen Sie sich an – es geht los.

Noch ein Hinweis zur Ansprache und Formulierung in diesem Buch betreffend Geschlechter und deren Rollen. Ich habe dieses Buch aus Gründen der besseren Lesbarkeit primär in der männlichen Form verfasst. Entsprechende Begriffe und Formulierungen gelten im Sinne der Gleichbehandlung definitiv für beide Geschlechter. Bitte entnehmen Sie meiner Schreibweise also keine Wertung oder festgelegte Meinung.

Und noch ein weiterer Hinweis zum Inhalt: Die in diesem Buch beschriebenen Führungskräfte spiegeln nicht alle Führungspersonen wider. Es gibt viele engagierte, kompetente und vor allem verantwortungsbewusste Führungskräfte, die jeden Tag ihre Teams vorbildlich leiten. Die Kritik in diesem Buch richtet sich gezielt gegen jene, die durch Inkompetenz und fehlende Verantwortung das Vertrauen ihrer Mitarbeiterinnen und Mitarbeiter, sowie den Erfolg ihres Unternehmens gefährden.

2 Mehr Schein als Sein

Lügen – sie sind so alt wie die Menschheit selbst. Laut der Bibel hat uns lediglich der erfolgreiche Verkauf eines Apfels ins Verderben gestürzt. Dieser „Verkauf" war nichts anderes als eine große Lüge, um in uns das Verlangen nach etwas zu wecken, was wir offensichtlich nicht haben oder scheinbar benötigen. So ist das übrigens mit allen Lügen, denn sonst würden die meisten nicht von Erfolg gekrönt sein.

Doch warum ist das so? Aus welchem Grund nehmen wir gut verpackte Floskeln im privaten und beruflichen Bereich oft mit Dankbarkeit an, um später das berühmte Messer im Rücken zu spüren?

Es hat offensichtlich etwas mit der Nachricht, der Verpackung und der eigenen Erwartungshaltung zu tun, weshalb wir uns gerne blenden und belügen lassen. Da wir statistisch gesehen alle acht Minuten belogen werden, nehmen wir das früher oder später wohlwollend in Kauf. Wir finden es irgendwann sogar in Ordnung, wenn die eine oder andere Lüge an uns kreativ verpackt wird.

Doch was sind typische Situationen, in denen wir gerne lügen bzw. selbst angelogen werden? Kurzum, überall dort, wo man Ärger aus dem Weg gehen kann, sich das Leben bequemer machen kann oder einfach nur beliebt sein möchte. Quasi Situationen, in denen eine Person nicht selbst an sich arbeiten, reflektieren und Verantwortung übernehmen will. Basierend auf dieser Tatsache dulden wir es, dass wir selbst angelogen werden, denn Ihr Gegenüber mit der scheinbaren bitteren Wahrheit zu konfrontieren, könnte einen Konflikt auslösen, dem Sie sich stellen müssten.

Ein Beispiel dazu: Nehmen wir eine Beziehung zwischen zwei Menschen, egal, ob Mann und Frau, Frau und Frau oder Mann und Mann. Da gibt es zum Glück keine Unterschiede, auch wenn es Ihnen hin und wieder so suggeriert wird.

Begegnen sich diese zwei Personen in Ihrem Beziehungsalltag nicht mit Respekt, Offenheit und Ehrlichkeit, so wird dem rosaroten Verliebtsein bald eine düstere, meist kranke Scheinwelt folgen. Mindestens einer der beiden wird in eine andere Welt flüchten, in denen er seinen Vorlieben, Gedanken, Wünschen und Bedürfnissen nachgehen kann. Ob dies nun auf reiner Fantasie oder tatsächlichen Handlungen basiert, ist lediglich eine Frage des Typs.

So ist es kaum verwunderlich, weshalb bei Paaren, die kurz vor der Scheidung stehen, ein Partner felsenfest von derselbigen überzeugt ist; es quasi „nur eine Frage der Zeit war", während der andere Partner aus allen Wolken fällt und wortwörtlich vor einem Trümmerhaufen steht. Beide Personen waren in ein und derselben Beziehung, ohne Wenn und Aber. Allerdings ist der Blick auf die eigentliche Wahrheit stets unterschiedlich. Hätte sich nämlich der zweite Partner, der nun vor dem Trümmerhaufen steht, mit der bitteren Wahrheit und seinem Gegenüber früh genug und ehrlich auseinandergesetzt, so wäre es ihm nicht entgangen, dass die Beziehung nicht mehr so rund läuft, wie es den Anschein macht. Daraus ableitend scheint wohl die Weisheit „Zum Streiten gehören immer zwei" entstanden zu sein.

Viele Beziehungen, die mir bisher untergekommen sind, sind nur auf Schein und Lügen aufgebaut. Gerade in Zeiten von Social Media können Sie das gut im eigenen Freundes- und Verwandtenkreis selbst beobachten. Werden im Sommer noch gemeinsame fröhliche Urlaubsfotos gepostet, wird im Hintergrund von einem Partner bereits seit Monaten an einer Trennung gearbeitet. Ist diese vollzogen, so postet weder die eine noch die andere Person Urlaubsfotos, stattdessen wird vom erfahrenen Schmerz mit Sprüchen voller Weisheit und geteilten Zeitungsartikeln abgelenkt.

Da ich mir sicher bin, dass es Leser gibt, die sich mit dem Beispiel nicht anfreunden oder identifizieren können, möchte ich auf die berufliche Seite eingehen. Dort offenbart sich nämlich ein wahrlicher Brunnen für Lug und Trug.

Die alltäglichen Lügen und Verleugnungen beginnen meistens mit der Unterschrift auf dem Arbeitsvertrag. Während sich alle Beteiligten beim Einstellungsgespräch über alle Punkte einig waren, werden diese spätestens dann hinterfragt, wenn eine Partei mit der Leistung der Gegenpartei nicht zufrieden ist oder berufliche Entscheidungen infrage gestellt werden.

Kompetenz wird im beruflichen Alltag immer öfter mit einhergehenden Titeln und ausführenden Positionen gleichgesetzt. Wenn beispielsweise der Herr Ingenieur sagt, dass das so ist, dann ist das auch so. Dann kann der langjährige, erfahrenere Mitarbeiter sagen und behaupten, was er will. Er könnte es, wie man in Österreich umgangssprachlich sagen würde, „in ein Sackerl reden".

Österreich ist übrigens DAS Vorzeigeland überhaupt, wenn es um Titel und deren vermeintlich gekoppelte Kompetenz geht. Kaum ein anderes Land schenkt Titeln so viel Aufmerksamkeit und Verantwortung. Um das fortlaufend zu beweisen, werden Titel aufpoliert und eintragungsfähig in allen möglichen Dokumenten gemacht, wie beispielsweise der Meistertitel mit „Mst." bzw. „Mst.in" seit 2020.

Natürlich ist es so – bitte an dieser Stelle nicht falsch verstehen –, dass solche Titel eine Bestätigung und besondere Unterstreichung der erworbenen Kompetenz darstellen und somit der Eindruck erweckt wird, dass die betitelte Person vom Fach ist, also mit „Fachkompetenz" auftrumpfen kann.

Doch dieses Buch beschäftigt sich mit unqualifizierten Führungskräften und mit Lügen. Daher könnte es ja auch naheliegen, dass diese Kompetenz nur erschlichen und vorgegaukelt wurde.

Prüfungen und Abschlüsse können seit der Schulzeit mit typischen Schummelzetteln frisiert und mündliche Prüfungen mit einer Portion Glück und Frechheit genauso bestanden werden wie von jemandem, der den Stoff in- und auswendig gelernt und verinnerlicht hat. Notfalls wird die Prüfung öfter als ein- oder zweimal geschrieben. Spätestens beim dritten Mal lässt der eine oder andere Prüfer mitunter Gnade vor Recht ergehen.

Wer keine Gelegenheit für Schummelzettel hat, kann bestehende Werke als seine eigenen verkaufen. Berühmte Beispiele für aufgedeckte Plagiate gibt es mittlerweile wie Sand am Meer – wer weiß, wie viele noch den Weg ans Tageslicht finden?

Nur weil Politiker im Rampenlicht stehen und früher oder später genau unter die Lupe genommen werden, heißt das noch lange nicht, dass diese Berufsgruppe die einzige ist, die mit Plagiaten zu tun hat. Denken Sie einmal in Ruhe darüber nach.

Nehmen Sie beispielsweise das soziale Netzwerk Facebook zur Hand und suchen Sie sich den einen oder anderen „Business-Berater" der Ihr Business von 0 auf 101 % skalieren wird. Sie werden erstaunt sein, mit welchen Beratern sie künftig in Ihrem Feed konfrontiert werden, da der Algorithmus Ihr Interesse erkannt und natürlich befriedigen möchte. Selbstredend bietet jeder „Berater" ein kostenloses Erstgespräch und kostenloser Anmeldung zum Newsletter, der nicht nur einen Tipp, sondern mindestens ein ganzes Buch an Tipps enthält.

Hinweis: Die hier getroffene Darstellung bezieht sich ausdrücklich nicht auf alle Business-Berater. Es gibt viele seriöse und kompetente Berater, die ihren Kunden echten Mehrwert bieten. Die Kritik richtet sich ausschließlich gegen jene, die mit leeren Versprechungen arbeiten.

Doch welchen Mehrwert bieten diese Tipps und Versprechen wirklich? Wer sich mit dem Thema auskennt oder bereits nach einigen Informationen gesucht hat, wird feststellen, dass es sich immer um die gleichen aufgewärmten Ideen handelt, die bereits in zig anderen Büchern, Podcasts, Videos oder Blogs durchgekaut und präsentiert wurden. Neue Ansätze oder gänzlich Sichtweisen bleiben meist auf der Strecke, und das Einzige, was skaliert wird, ist der Profit auf dem Konto des selbst ernannten Gurus.

In einer ähnlichen Art und Weise verläuft leider nahezu jeder Werdegang zur Führungskraft. Nicht allzuselten werden Ideen und Konzepte, die in einem anderen Bereich erfolgreich waren, ohne tieferes Verständnis oder entsprechende Anpassungen auf andere Bereiche übertragen, in der Hoffnung die ultimative Lösung zu implementieren. Statt echter Innovationskraft und notwendiger Führungskompetenz wird auf nachgeahmte

Erfolgsrezepte gesetzt, die selten einen langfristigen Erfolg sichern.

Betrachten Sie beispielsweise die gängige Praxis, Führungspositionen vorrangig aus dem eigenen Mitarbeiter-Pool zu besetzen. Dabei werden Nachwuchsführungskräfte aufgrund ihrer Erfolge in einem spezifischen Bereich ausgewählt, ohne zu berücksichtigen, dass die Führung von Menschen und Organisationen eine ganz eigene, komplexe Herausforderung darstellt. Es ist ein weitverbreiteter Trugschluss zu glauben, dass Erfolg in einem Bereich automatisch die Fähigkeit zur Führung in einem anderen mit sich bringt. Doch genau auf diese Karte wird in vielen Unternehmen gesetzt.

Zur richtigen Zeit am richtigen Ort, und schon haben Sie ein Team unter sich, dürfen die Führung übernehmen und selbstverständlich weitreichende Entscheidungen treffen. Das Prozedere verläuft übrigens bedeutend schneller, wenn Sie sich mit der nächsthöheren Führungskraft blendend verstehen und sich selbst aktiv als Führungskraft anbieten. Jede Person in Ihrem ehemaligen Team, deren Führungskraft Sie dann womöglich werden, wird diesen Werdegang kaum anerkennen und Ihnen die Stange halten, wenn es darauf ankommt.

Die bittere Wahrheit ist: Nur weil Sie eine Prüfung bestehen, ein gewaltiges theoretisches Wissen vorweisen, ein Projekt durch Ihre Mitarbeit zum Erfolg führen oder einen Titel vor Ihrem Namen anführen können, müssen Sie nicht zwangsläufig die notwendige Kompetenz besitzen, um die erbarmungslose Realität, auch Praxis genannt, zu meistern.

Führung ist nicht einfach eine Tätigkeit, die Sie zwischen zwei E-Mails erledigen, um kurz darauf zum Mittagessen zu gehen. Führung heißt in erster Linie, Verantwortung zu übernehmen sowie Menschen in ihrer Entwicklung zu begleiten, um das Beste aus ihnen herauszuholen.

In einem Unternehmen begegnen sich die verschiedensten Charaktere mit den unterschiedlichsten Persönlichkeiten und demzufolge einem Wahnwitz der eigenen Definition der Begriffe „Wahrheit" und „Verantwortung".

Versehen Sie einzelne Persönlichkeiten mit Streben nach Macht und Geld, dann befinden Sie sich auf der Showbühne des 21. Jahrhunderts: Marketing verschleiert die mangelnde Qualifikation von Führungskräften und poliert das Image von Unternehmen auf – allerdings nur, solange das Geld fließt. Darauf komme ich später zurück.

Widmen wir uns nun dem Thema, das alle Führungskräfte, zumindest im Namen, gemeinsam haben: der Führung.

Damit Sie als angehende Führungskraft durch meinen Text nicht vor den Kopf gestoßen werden, möchte ich darauf hinweisen, dass sich dieses Buch primär mit Führungskräften beschäftigt, die eigentlich keine sein sollten. Dieses Buch setzt sich zudem mit den fatalen Auswirkungen von Fehlbesetzungen in Unternehmen auseinander, sowohl in menschlicher als auch in wirtschaftlicher Hinsicht.

Sollten Sie also eine der wenigen Führungskräfte sein, die wirklich verstehen, wie mit Persönlichkeit, Werten und eigenen Überzeugungen ein Team oder Unternehmen zu führen ist, dann lesen Sie weiter und finden heraus, was passiert wäre, wenn Sie sich nicht für diesen Weg entschieden hätten.

Sind Sie jedoch eine Führungskraft, die nicht weiß, wie sich inkompetente Führung auswirken kann, oder ein Mitarbeiter, der unter einer dieser „Führungskräfte" arbeitet (und de facto leiden) muss, dann lesen Sie dieses Buch aufmerksam durch. Sie werden danach wissen, was zu tun ist, um Ihre eigene Situation zu ändern.

Grundsätzlich möchte ich Führungsstile oder -modelle nicht schlechtreden. Im Gegenteil. Tatsache ist allerdings, dass ein 5-Gänge-Menü, dessen Rezept bereits jahrelang in Ihrer Familie weitergereicht wurde und das plötzlich nicht mehr zu verzehren ist, mit hoher Wahrscheinlichkeit wenig mit der Küche und deren Belegschaft zu tun hat, sondern mit dem Chefkoch. Bei der beschriebenen und aktuellen Situation im 21. Jahrhundert bekommt aber der Koch eine Bonuszahlung und alle Küchenhilfen werden entlassen. Das Ergebnis schmeckt zwar trotzdem nicht, aber das tut ja nichts zur Sache.

In diesem Buch gehe ich deshalb auf die Auswirkungen von unqualifizierten Führungskräften ein und helfe Ihnen, diese zu erkennen und Ihr Unternehmen vom Rande des Abgrundes in Sicherheit zu manövrieren. Als Mitarbeiter erhalten Sie Ratschläge, wie Sie mit Ihrer unqualifizierten Führungskraft umgehen können oder entsprechende Rückschlüsse für sich selbst ziehen.

3 Fußballtrainer und ihre Erfolge

Bevor wir uns dem ersten Kapitel widmen, gestatten Sie mir eine provokative Frage: Warum sind manche Fußballtrainer um Längen erfolgreicher als ihre Kollegen? Kennen Sie das Geheimnis hinter ihrem Erfolg?

Falls nicht, keine Sorge – die Enthüllung dieses Rätsels bewahre ich für den dramatischen Schlussakt unseres Buches auf. Sie könnten natürlich versucht sein, sofort zum Ende zu blättern und die Antwort zu entdecken. Ich rate Ihnen jedoch davon ab, denn ohne das Fundament und die tieferen Einblicke, die die kommenden Kapitel bieten, ist es nur eine Antwort ohne jegliches Verständnis. Durch das Verständnis der kommenden Seiten wird die Antwort jedoch zu einer Erkenntnis.

Lassen Sie sich also auf eine fesselnde Reise ein, die nicht nur spannend, sondern auch äußerst lehrreich sein wird.

„Du hast keine Feinde, sagst Du?
Ach, mein Freund, Dein Prahlen ist armselig.
Wer sich ins Gefecht der Pflicht verstrickt,
dass die Tapferen erdulden,
muss sich Feinde schaffen!
Wenn Du keine hast, ist die Arbeit,
die Du geleistet hast, gering.
Du hast keinen Verräter entlarvt,
hast niemanden für einen Meineid bestraft,
Du verhalfst keinem zu seinem Recht,
Du warst ein Feigling im Gefecht.“
– *Charles Mackay*

4 Schlechte Führung?

Oft wird der Wald vor lauter Bäumen nicht gesehen. Das trifft vor allem dann zu, wenn keine ausreichenden Führungsqualitäten vorliegen. Diese gelebte (In-)Kompetenz – oft verbunden mit überheblicher Dreistigkeit – wird meist als gegeben hingenommen.

Dabei ist es irrelevant, ob es sich um einen einfachen Teamleiter oder ranghohen Politiker handelt. Diese Art von Menschen finden Sie in jeder sozialen Schicht, in beinahe jeder Firma, jedem Verein, jeder Behörde oder anderen Gruppierungen und in nahezu jeder Führungsposition.

Aus diesem Grund habe ich meine persönliche Liste mit negativen Floskeln und typischen Eigenschaften erstellt, damit Sie im Fall des Falles genauer prüfen können, um welche Art von Führungskraft es sich bei Ihnen handeln könnte.

Die Liste ist nicht nach Prioritäten sortiert. Bei Unfähigkeiten gibt es keine Prioritäten. Sie wiegen meines Erachtens alle gleich schwer und richten, je nach Ausprägung, mehr oder weniger – aber auf jeden Fall – Schaden an.

Beachten Sie in diesem Zusammenhang jedoch stets, dass schlechte Führung nicht immer offensichtlich ist. Oftmals äußert sie sich in subtilen, aber dennoch schädlichen Verhaltensweisen. Dabei sind die Auswirkungen solcher Führungsstile vielfältig und reichen von einer mangelnden Fähigkeit, auf die Bedürfnisse und das Wohl der Mitarbeiter einzugehen bis hin zu ernsthaften organisatorischen Mängeln. Dies führt früher oder später zu einer Kultur der Unsicherheit und des Misstrauens, in der Kreativität, Leistungsbereitschaft und Innovation gehemmt werden.

Es ist daher entscheiden, solche Tendenzen frühzeitig zu erkennen und zu adressieren. Ein proaktiver Ansatz zur

Identifizierung der verursachenden Führungskraft ist unerlässlich, um eine positive und produktive Arbeitsumgebung zu fördern.

4.1 Es ist schwierig

Diese Phrase, die ebenso gerne abgewandelt wird in *„Es ist eine schwierige Situation"* oder *„Da kann man nichts machen"*, ist eine Art Entschuldigung für viele Führungskräfte (aber nicht nur!), um sich mit der aktuellen Situation nicht aktiv auseinandersetzen zu müssen. Es werden so gut wie alle (meist negativen) Parameter akzeptiert, um so den unterstellten Mitarbeitern oder Teams zu verdeutlichen, dass keine Anstrengungen aufgebracht oder Maßnahmen unternommen werden, das Problem konstruktiv und nachhaltig zu lösen.

Alle Tätigkeiten, die etwas anderes erahnen oder erkennen lassen, werden lediglich halbherzig verfolgt, sodass sich selbst die produktivsten Mitarbeiter bald auf ihre Arbeit laut Tätigkeitsbeschreibung beschränken, anstatt dem Unternehmen mit Kreativität, Problemlösungskompetenz und Tatendrang zur Seite zu stehen.

„Die schwierige Situation" wird mehrfach betont, damit keine Zweifel aufkeimen, um etwaige simple und kurzfristige oder eventuell herausfordernde und langfristige Lösungsvorschläge zu unterbreiten. In dieser Situation gibt es kaum Auswege – im Grunde genommen wäre es für alle Beteiligten am besten gewesen, sie wären an besagtem Tag im Bett geblieben.

Diese „schwierige Situation" konnte 2020 beobachtet werden, als die Welt mit einer Pandemie konfrontiert wurde, die ein Zusammenspiel der gesamten Menschheit vorausgesetzt hätte. Stattdessen haben alle Staaten ihr eigenes Süppchen gekocht – mit eigenen Vorschriften, Lockdowns und Entwicklungen des jeweiligen Impfstoffes. Während Österreich es sogar verboten hatte, in ein Café zu gehen, so war dies über der Landesgrenze möglich. Die Nachbarländer Österreichs kämpften zwar auch mit der Pandemie, räumten aber der Bevölkerung mehr Freiheiten ein als beispielsweise Österreich während des Lockdowns.

Die Infektionszahlen sprachen aber die gleiche Sprache. Eine Aufarbeitung gestaltet sich als „schwierig", da ja die Länder in Ihrer Kultur unterschiedlich sind und laufend neue Informationen über das Virus veröffentlicht wurden.

Sie sehen, diese Floskel ist, anders ausgedrückt, eine Bestätigung über eine Situation, die nicht kontrolliert UND verbessert werden will. Ob es eine Frage des „Könnens" ist, sei dahingestellt – mit weltweiter Zusammenarbeit haben wir bereits 1969 den Mond besucht. Was aus meiner Sicht eindeutig schwieriger war, als eine Pandemie zu bekämpfen.

Die Fragen, die zu stellen sind, lauten: Wie wäre diese Krise in einem Land bzw. weltweit verlaufen, wären die Millionen an Fördergeldern nicht in die Unternehmen geflossen, um diese (kurzfristig) am Leben zu halten, sondern von Anfang an in das jeweilige Gesundheitssystem, um für Pandemien zukunftssicher gerüstet zu sein? Und welche Auswirkungen hätte es gehabt, wäre die Menschheit nicht in nationalstaatlichem Denken verhaftet geblieben, sondern hätte von Beginn an eine globale, koordinierte Antwort auf die Pandemie gesucht. Welche innovativen Lösungen hätten entstehen können, wenn Länder und Unternehmen ihre Ressourcen und Expertise gebündelt hätten, statt im Alleingang zu handeln?

Dabei lässt sich auch die Frage stellen, wie sich eine proaktive und vorausschauende Führung auf die langfristige Wirtschafts- und Gesundheitslage ausgewirkt hätte. Hätten frühe Investitionen in die Forschung und Gesundheitsinfrastruktur nicht nur die Ausbreitung des Virus eingedämmt, sondern auch zu einem schnelleren wirtschaftlichen Aufschwung beigetragen?

Meine persönliche Empfehlung für diesen Typ von Führungskraft ist: Wer keine Chancen sieht und im Mitleid versinkt, kann kaum an konstruktiven Lösungen arbeiten oder Entscheidungen treffen.

Es ist unerlässlich, dass Mitarbeiter und Teams, die mit solchen Führungskräften konfrontiert sind, sich nicht entmutigen lassen. Es gilt, eine Produktivität zu entwickeln, die über die bloße Erfüllung von Aufgaben hinausgeht. Anstatt auf die Initiative der Führungskraft zu warten, sollten die Mitarbeiter (sofern möglich und erlaubt) eigenständig innovative Lösungsansätze entwickeln und vorantreiben.

Für Führungskräfte, die sich hinter der Phrase "*Es ist schwierig*" verstecken, empfehle ich ein Umdenken hin zu einer positiveren, lösungsorientierten Haltung. Dies beginnt mit der Anerkennung, dass Herausforderungen Teil des Geschäftslebens sind und dass das Vermeiden von Problemen keine tragfähige Strategie darstellt. Stattdessen sollten sie lernen, Herausforderungen als Chancen zu betrachten, um Wachstum und Innovation anzustoßen. Dies erfordert ein offenes Mindset, Bereitschaft zum Lernen und die Akzeptanz, dass Fehler gemacht werden können.

Die Phrase "*Es ist schwierig*" ist als Ausrede für Passivität und mangelnde Problemlösungsbereitschaft in der modernen Arbeitswelt nicht länger tragbar– weder für Mitarbeiter noch für Führungskräfte.

„Nicht weil es schwer ist, wagen wir es nicht,
sondern weil wir es nicht wagen, ist es schwer."
– *Lucius Annaeus Seneca*

4.2 Ich kam, sah und machte es allein

So manche Führungskraft hat zeit ihres Lebens mit dem Selbstwertgefühl zu kämpfen – ob Sie es glauben oder nicht. Daher behaupte ich: Man kann gute Führung nicht einfach erlernen!

Wenn Sie es mit einer Führungskraft zu tun haben, die jeden Satz mit „Ich" beginnt oder so formuliert, dass ein „Ich" im Mittelpunkt steht, dann haben Sie es offensichtlich mit einem egozentrischen Menschen zu tun. Aller Wahrscheinlichkeit nach fehlt jener Person eine entscheidende Fähigkeit, die mit einer erfolgreichen und wertschätzenden Führungskraft einhergeht.

Solche Personen verursachen in einem Unternehmen erheblichen Schäden, indem sie Mitarbeiter und Teams vergiften, Projekte boykottieren, von denen sie sich keine Vorteile versprechen, und wortwörtlich über Leichen gehen, um Macht und Status zu erreichen, die sie für sich beanspruchen.

Diese Menschen nutzen womöglich das Bedürfnis nach Lob und Anerkennung in allen Situationen aus, in denen sie auf fremdes Know-how oder Netzwerk angewiesen sind. Auf Deutsch gesagt: Wenn Sie etwas besitzen, das dieser Person von Nutzen sein kann, wird sie Sie mit Lob, Anerkennung oder möglicherweise vertraulichen Informationen überschütten. Allerdings nur solange Sie Ihr Know-how preisgeben, Auskünfte liefern oder Aufgaben erledigen, die diese Person – für ihre Machtspiele oder Verbesserung der Aufstiegschancen – benötigt. Danach werden Sie fallengelassen wie eine heiße Kartoffel.

Ich werde später nochmals auf diese Eigenschaften zu sprechen kommen und Ihnen einen besonderen Typ Mensch vorstellen, der nicht nur in der Berufswelt, sondern auch in vielen privaten Situationen sehr viel Schaden anrichten kann.

Empfehlung: Halten Sie Abstand zu solchen Personen. Lass Sie sich nicht von Lob und Anerkennung blenden, wenn Sie merken, dass es nur Mittel zum Zweck ist. Bleiben Sie sachlich und achten Sie darauf, wie sich die Beziehung entwickelt, sobald Ihr Nutzen für diese Person entfällt.

Es gibt übrigens noch einen Typ, der als Führungskraft folgendermaßen agiert:

4.3 Ich hab's mir doch gedacht

Der „verkehrte Hellseher", wie ich ihn gerne nenne. Diese Art von Führungskraft ist häufig in TV-Reality-Shows, wie z. B. „Goodbye Deutschland" des Senders VOX, zu sehen, wo Auswanderer gerne den „Möchtegern-Chef" von – in dem Fall – inländischen Mitarbeitern spielen möchten.

Der „verkehrte Hellseher" ist eine Führungskraft, die Probleme immer erst dann erkennt, wenn sie bereits eingetreten sind. Statt im Vorfeld aktiv zu werden, hält sie sich zurück und sagt im Nachhinein: „Ich hab's mir doch gedacht."

Typisch für diesen Führungsstil ist das fehlende Eingreifen in kritische Situationen. Statt Lösungen zu finden und zu erarbeiten, wird im Nachhinein mit dem Finger auf andere gezeigt. Dieses Verhalten führt dazu, dass Mitarbeiter sich im Stich gelassen fühlen und demotiviert werden.

Typische Aussagen solcher Führungskräfte:

- „Das war doch abzusehen."

- „Das habe ich kommen sehen."

- „Ich wusste, dass das passiert."

Solche Aussagen lösen keine Probleme und verbessern auch nicht die Situation. Sie dienen nur dazu, Verantwortung abzuwälzen und sich selbst als vorausschauend darzustellen und eigenes Fehlverhalten zu kaschieren.

Empfehlung: Wenn Sie mit einer Führungskraft konfrontiert sind, die Probleme nur im Nachhinein erkennt, dann übernehmen Sie selbst aktiv Verantwortung. Sprechen Sie mögliche Risiken frühzeitig an und schlagen Sie konkrete Lösungen vor. Dokumentieren Sie Ihre Vorschläge, um später belegen zu können, dass Sie

Initiative gezeigt haben. Suche Sie gegebenenfalls den Austausch mit Kollegen, um gemeinsam Lösungen zu entwickeln. So schützen Sie sich vor ungerechtfertigten Vorwürfen und stärken gleichzeitig Ihre Position im Team.

4.4 Das ist etwas Persönliches

Schlechte Führungskräfte neigen dazu, Kritik sofort persönlich zu nehmen. Konstruktive Hinweise werden nicht als Chance zur Verbesserung verstanden, sondern als Angriff auf die eigene Person.

Darüber habe ich in all den Jahren mehr als nur einmal den Kopf geschüttelt. Immerhin ist meine und wohl auch Ihre Erwartungshaltung an eine Führungskraft eine gewisse Professionalität und Souveränität. Wenn Mitarbeiter konstruktive Kritik kundtun, dann ist es eine Frage des Anstandes oder Kodex, sich dieser professionell zu widmen und zumindest das Problem zu besprechen.

Allerdings ist in vielen Firmen das Gegenteil Standard. Kritik wird abgeschmettert, abgewürgt und meist persönlich genommen. Anstatt sich mit der Sache auseinanderzusetzen, reagieren diese Art von Führungskräften defensiv oder sogar aggressiv.

Typische Reaktionen sind:

Typische Aussagen solcher Führungskräfte:

- Ignorieren von Feedback

- Abwertende Kommentare gegenüber Kritikern

- Persönliche Angriffe oder Sanktionen bei Einwänden

Dieses Verhalten verschlechtert das Betriebsklima erheblich. Mitarbeiter trauen sich nicht mehr, Probleme anzusprechen oder Vorschläge zu unterbreiten, aus Angst vor negativen Konsequenzen. Das hemmt nicht nur die Kommunikation, sondern blockiert zudem jegliche Innovation und Weiterentwicklung im Team bzw. im Unternehmen.

Empfehlung: Wenn Sie mit dieser Art von Führungskraft zu tun haben, die Kritik persönlich nimmt, bleiben Sie ruhig und sachlich. Begeben Sie sich nicht auf die gleiche Ebene. Formulieren Sie Ihre Kritik lösungsorientiert und vermeiden Sie Schuldzuweisungen. Dokumentieren Sie wichtige Gespräche und Vorschläge, um sich im Ernstfall abzusichern. Suchen Sie wenn möglich das Gespräch in einem neutralen Rahmen (nicht im Büro der Führungskraft) und achten Sie darauf, Ihre Punkte klar, sachlich und verständlich zu vermitteln. Sollte sich keine Besserung einstellen, ziehen Sie in Betracht, sich Unterstützung von der Personalabteilung, dem Betriebsrat oder einer Vertrauensperson zu holen. So schützen Sie sich selbst und setzen gleichzeitig ein wichtiges Zeichen für eine bessere Gesprächskultur.

4.5 Spüre meine Macht

Führungskräfte, die aufgrund der verbundenen Macht und nicht wegen der einhergehenden Verantwortung ihre Position ausüben, sind besonders problematisch. Diese Art von Führungskraft nutzt ihre Stellung, um Kontrolle auszuüben und Machtspiele zu betreiben, anstatt das Team zu unterstützen und zu fördern.

Ein gutes Beispiel hierfür ist der Vergleich mit internen IT-Abteilungen in manchen Unternehmen. So kann man in einigen Fällen beobachten, wie IT-Abteilungen ihr Spezialwissen und den exklusiven Zugang zu Systemen nutzen, um Prozesse unnötig zu verkomplizieren oder ihre eigene Unersetzbarkeit zu betonen. Statt dem Unternehmen und den dort angestellten Mitarbeitern zu dienen und zu helfen, agieren sie wie ein abgeschottetes System, das Macht über wichtige Informationen und Abläufe ausübt. Dadurch werden wichtige Veränderungen gebremst und Innovationen blockiert. Ähnlich verhält es sich bei Führungskräften, die ihre Machtposition missbrauchen, um Kontrolle auszuüben, anstatt Verantwortung zu übernehmen.

Typisch für solche Führungskräfte ist ein autoritärer Führungsstil, der sich durch Kontrolle, Misstrauen und das Bedürfnis nach absoluter Loyalität auszeichnet. Sie treffen Entscheidungen allein, ohne Rücksicht auf die Meinungen und Bedürfnisse anderer.

Typische Verhaltensweisen:

- Mikromanagement und ständige Kontrolle der Mitarbeiter

- Ignorieren von Vorschlägen und Feedback

- Entscheidungen ohne Absprache treffen

Dadurch werden Innovationen, Kreativität und Eigenverantwortung der Mitarbeiter gehemmt. Es entsteht ein Klima der Angst, in dem Fehler vertuscht und Risiken gemieden werden.

Empfehlung: Auch hier rate ich zur Ruhe und Sachlichkeit. Versuchen Sie, durch klare Kommunikation und dokumentierte Vorschläge einen professionellen Umgang zu wahren. Vermeiden Sie offene Konfrontationen, da diese meist nicht zielführend sind. Vernetzen Sie sich mit Kollegen, um Unterstützung zu finden, und ziehen Sie bei Bedarf externe Stellen wie Betriebsrat oder Personalabteilung hinzu. Nur so können Sie gemeinsam gegen toxische Strukturen vorgehen und sich selbst schützen.

„Man braucht vor niemand Angst zu haben.
Wenn man jemanden fürchtet, dann kommt es daher, dass
man diesem Jemand Macht über sich eingeräumt hat."
– *Hermann Hesse*

4.6 Gute Zeiten, schlechte Zeiten

Wahre Führung zeigt sich bekanntlich in schlechten Zeiten. Umso spannender ist es, dass schlechte Zeiten von Führungskräften oft vermieden oder gar verleugnet werden. Dabei wäre dies die beste Chance, ihr Können unter Beweis zu stellen und Mitarbeiter für sich zu gewinnen. Aber das Gegenteil ist eher der Fall und Standard.

Ein häufiges Muster ist, dass diese Art von Führungskraft in erfolgreichen Phasen das Lob gerne für sich beansprucht, während in Krisenzeiten das Team oder äußere Umstände verantwortlich gemacht werden. Besonders im Kundenservice zeigt sich dieses Verhalten oft: Kundenlob wird von der Führungskraft als Beweis für die eigene exzellente Arbeit angeführt, während Kritik schnell an das Team weitergereicht wird:

Typische Reaktionen in Krisenzeiten:

- Schuldzuweisung an das Team oder äußere Umstände

- Vermeidung von Verantwortung und Entscheidungen

- Aktionismus statt durchdachter Lösungen

Ich muss nicht extra erwähnen, dass dieses Verhalten ebenso zu Unsicherheit in Teams führt und schwerwiegende Folgen für Unternehmen haben kann. Mitarbeiter verlieren das Vertrauen in ihre Führungskraft und Unternehmensstrukturen. Die Motivation und das Engagement sinken, Mitarbeiter werden innerlich kündigen.

Empfehlung: Wenn Sie mit so einer Führungskraft arbeiten müssen, die in Krisenzeiten versagt, so konzentrieren Sie sich darauf, Ihre eigene Resilienz zu stärken. Setzen Sie klare Grenzen und priorisieren Sie Ihre Aufgaben, um Überforderung zu vermeiden. Schlagen Sie lösungsorientierte Maßnahmen vor, ohne sich emotional zu involvieren. Sollte sich keine Verbesserung zeigen, prüfen Sie langfristig interne Wechselmöglichkeiten oder externe Karriereoptionen, um Ihre berufliche Entwicklung voranzutreiben.

4.7 Redest du mit mir?

Zuhören ist eine essenzielle Eigenschaft einer (guten) Führungskraft – doch Zuhören ist nicht gleich Zuhören. Deshalb verdienen Therapeuten gut damit. Richtiges Zuhören kann helfen, Probleme im Vorfeld zu erkennen und zu lösen, sowie neue Wege zu beschreiten. Schade nur, wenn die Führungskraft nicht versteht, was der Mitarbeiter ihr inhaltlich mitteilen möchte.

Ein Beispiel: Ein Mitarbeiter deutet der Führungskraft an, dass die Aufgaben aus diversen Projekten eine hohe Arbeitslast verursachen. Der Terminkalender ist voll und es ist aus dem Gespräch herauszuhören, dass jeder Satz des betroffenen Mitarbeiters mit einer gewissen Anstrengung verbunden ist.

Eine schlechte Führungskraft interpretiert das Gespräch wie folgt:

- Der Mitarbeiter ist überfordert und braucht

Unterstützung bei der Terminplanung.

- Eine Prioritätenliste könnte helfen, da der Mitarbeiter anscheinend „wichtig" von „unwichtig" und „dringend" von „nicht dringend" nicht unterscheiden kann.

- Es reicht, wenn der Mitarbeiter Aufgaben zu 80 % erledigt, da es sicherlich wichtigere Dinge gibt.

- Ein regelmäßiger Termin zur Statuskontrolle wird angesetzt, um die Leistung zu überwachen.

- Internet wird vermerkt, dass der Mitarbeiter keine Gehaltserhöhung oder Beförderung erhalten soll.

Undenkbar? Mitnichten. Realität!

Die wenigsten Führungskräfte lösen solche Situationen konstruktiv. Sie hören nur Stichwörter, wie z. B. „viel Arbeit", „viele Termine" oder „ich tue mir schwer", und glauben, der Mitarbeiter benötigt Hilfe bei der

Priorisierung seiner Aufgaben. Die tatsächliche Arbeitslast wird selten infrage gestellt.

Besonders kritisch wird es, wenn der betroffene Mitarbeiter eine gewisse Vorstellung der etwaigen Reaktion durch das Gespräch mit seiner Führungskraft hat, die aber nicht erfüllt wird. Statt Unterstützung zu erhalten, wird er durch Maßnahmen der Führungskraft zusätzlich belastet. Je nach Persönlichkeit des Mitarbeiters erstreckt sich somit die Reaktion von

- Innere Kündigung,

- Tatsächlicher Kündigung

- Burn-out

In allen Fällen geht durch die Fehleinschätzung und der daraus abgeleiteten Handlung dieser Führungskraft ein Mitarbeiter verloren. Wenn das nicht schlimm genug ist, dann verinnerlichen Sie sich bitte, was durch den Verlust eines Mitarbeiters weiter passiert: Know-how geht verloren, das jeweilige Team wird zerrissen, Loyalität gegenüber dem Unternehmen schwindet, Sie verlieren jemanden, den Sie bereits kennen und entsprechende Aufgaben zuweisen konnten, Aufgaben müssen neu verteilt werden, neue Mitarbeiter müssen gesucht und eingeschult werden usw.

Empfehlung: Führungskräfte sollten aktiv zuhören und gezielt nachfragen, um den Kern des Problems zu verstehen. Wenn Sie das Gefühl haben, dass Ihre Führungskraft das nicht sicherstellen kann und Ihre Belastung falsch interpretiert, so sollten Sie aktiv werden. Vermeiden Sie vage Formulierungen wie „Ich habe viel zu tun" und nennen Sie stattdessen gezielt das Kind beim Namen. Welche Aufgaben belasten Sie und welche Unterstützung wird benötigt.

Dokumentieren Sie Ihre Anliegen schriftlich, um im Bedarfsfall darauf zurückgreifen zu können. Suchen Sie vor allem gezielt den Austausch mit Kollegen oder der Personalabteilung, wenn sich die Situation nicht verbessert. So behalten Sie die Kontrolle über Ihre Arbeitsbelastung und zeigen gleichzeitig Eigeninitiative.

4.8 Der zündende Funke

Die Wirtschaft und unser ganzes Leben speisen sich aus Ideen. Jeder Mensch hat unzählige Ideen in seinem Leben, weshalb ich nicht nachvollziehen kann, warum es so etwas wie ein Urheber- oder Patentrecht gibt. Aber das ist eine andere Geschichte. Doch denken Sie einmal darüber nach, wo wir heute mit unseren Entwicklungen wären, würde es diese zwei Gesetze in dieser Art und Weise nicht geben.

Ich gehe davon aus, dass auch Ihr Unternehmen von Ideen lebt. In meiner beruflichen Laufbahn habe ich viele Ideen entwickeln und umsetzen können. Darüber hinaus besitze ich die Gabe, mich aus vielen Perspektiven einem Problem zu nähern und somit konstruktive Lösungen zu entwickeln. Eine Eigenschaft, die jede Führungskraft, der ich unterstellt war, zu schätzen wusste.

Allerdings war mir stets ein Dorn im Auge, dass einige Führungskräfte die Angewohnheit hatten, fremde Ideen als ihre eigenen zu verkaufen. Als ich das erste Mal dieses Erlebnis hatte, blieb mir sprichwörtlich das Wort im Hals stecken. Mir war nicht klar, warum eine Führungskraft oder andere Person dies tun sollte, da ich die Meinung vertrete: Wer die Lösung hat, sollte auch im Rampenlicht stehen. Allerdings standen in meinem Fall die entsprechenden Führungskräfte im Rampenlicht und hatten mir gegenüber nicht einmal ein schlechtes Gewissen.

Durch die Recherche im Internet ist mir aufgefallen, dass viele Mitarbeiter mit dieser Art von Führungskräften konfrontiert sind. Es ist geläufig, dass sich Mitarbeiter über Verbesserungen, Einsparungen oder andere Angelegenheiten den Kopf zerbrechen, ihre Gedanken vorstellen, abgeschmettert werden und nach ca. 1–2 Wochen die eine oder andere Idee von der Führungskraft vorgestellt bekommen. Angepriesen als eigene Entwicklung und Lösung. Mir ist nur ein Grund eingefallen, warum die eigenen Mitarbeiter auf diese Art und Weise ausgenutzt werden: Man nimmt sich wichtiger als alles andere. Punkt.

Führungskräfte, die Ideen der Mitarbeiter stehlen, damit sie selbst profitieren, haben in einem Unternehmen nichts verloren. Sie untergraben die Moral der Belegschaft und schmücken sich mit fremden Federn.

Damit nicht genug: Jene Mitarbeiter, deren Ideen gestohlen wurden, werden sich künftig hüten, weitere Ideen zu entwickeln. Das Unternehmen wird starr werden. Der sogenannte Dienst nach Vorschrift wird innovatives und zukunftsweisendes Denken verdrängen. Kurzum: Durch eine gestohlene Idee verlieren sie einen erheblichen Vorteil gegenüber ihren Mitbewerbern und – wenn es hart auf hart kommt – einen innovativen Querdenker in der Belegschaft.

Empfehlung: Wenn Sie bemerken, dass Ihre Ideen übernommen werden, dokumentieren Sie Ihre Vorschläge und teilen Sie diesen in Besprechungen schriftlich. Suchen Sie frühzeitig das Gespräch mit der Führungskraft und bringen Sie Ihr Anliegen sachlich vor. Sollte dies nicht helfen, ziehen Sie Vertrauenspersonen oder Personalabteilung hinzu. Lassen Sie sich nicht entmutigen, weiterhin kreativ zu bleiben - aber sichern Sie Ihre Ideen und Beiträge besser ab.

„Den Fortschritt verdanken wir den Nörglern. Zufriedene Menschen wünschen keine Veränderung."
– *Herbert George Wells*

4.9 Houston, wir haben kein Problem

Kennen Sie die Szene in der Serie „Raumschiff Enterprise", bei der Captain Kirk sich mit Montgomery Scott über ausgefallene Maschinen oder Transporter unterhält? Unter Druck der drohenden Gefahr stellt Kirk immer dieselbe Frage via Bordfunk: „Scotty, schaffst du das in drei Stunden?" Die Antwort darauf lautet meistens: „Nun ja, Captain, das Teil ist echt hinüber, aber ich denke, dass ich es in zwei Stunden repariert habe."

Manchmal kommt es mir so vor, als ob Führungskräfte diese Szene als eine Art Lehreinheit betrachten. Aus der sich wiederholenden Szene leiten sie folgende wahnwitzige Erkenntnis ab:

Wenn ein Mitarbeiter ihnen sagt, dass er für eine Aufgabe x Stunden benötigt, dann ziehen sie mindestens 25 Prozent ab, um den vermeintlich tatsächlichen Aufwand zu ermitteln. Oder anders gesagt: Egal, wie viel ihre

Mitarbeiter zu tun haben, sie sind aus Sicht der Führungskraft noch lange nicht am Limit ihrer Kräfte angekommen.

Führungskräfte, die die Auslastung ihres Teams oder ihrer Abteilung nicht korrekt einschätzen können und im Umkehrschluss nicht wissen, was deren Aufgaben und Leistungen sind, sind überflüssig. Die wichtigste Aufgabe einer Führungskraft ist es, jederzeit zu wissen, wie es um das Team steht – wie viel Kapazität und Motivation vorhanden ist. Werden Mitarbeiter oder Teams mit „Zusatzaufgaben" überhäuft und die Führungskraft erkennt diese Gefahr nicht, kristallisieren sich mit der Zeit folgende Probleme heraus:

- **Eigentliche Aufgaben** und Verantwortungen des Mitarbeiters/Teams werden nur noch bedingt wahrgenommen und erfüllt.

- **Mitarbeiter kündigen** entweder innerlich oder

tatsächlich.

- **Krankenstände** erhöhen sich.

- **Konflikte** nehmen zu, wodurch mehr Probleme besprochen anstatt Lösungen gefunden werden.

- **Unternehmensvorgaben** weichen immer stärker von der tatsächlichen Arbeit ab.

- Die **Anforderungen an (neue) Mitarbeiter** steigen, das Gehalt bleibt jedoch gleich.

- **Verantwortung** wird auf das Team abgewälzt, während andere Abteilungen nur zuständig sind.

Diese Entwicklung ist nicht nur frustrierend, sondern auch gefährlich. Hätte Captain Kirk bei „Raumschiff Enterprise" nach der dritten Wiederholung dieser Szene gesagt: „Scotty, kümmere dich darum. Ich gebe dir eine Stunde Zeit dafür.", wäre das Raumschiff vermutlich explodiert.

Empfehlung: Wenn Sie merken, dass Ihre Führungskraft unrealistische Erwartungen an Sie stellt, setzen Sie klare Grenzen. Haben Sie keine Angst davor. Kommunizieren Sie transparent, wie viel Zeit und Ressourcen eine Aufgabe tatsächlich erfordert. Seien Sie sich selbst gegenüber realistisch und setzen Sie sich vor allem nicht selbst unter Druck. Dokumentieren Sie alle Absprachen schriftlich und holen Sie sich Unterstützung im Team. So schützen Sie sich vor unberechtigten Vorwürfen und können Ihre Arbeitsbelastung besser steuern.

4.10 Sparen um jeden Preis

Eines haben umsatzgetriebene Führungskräfte stets gemeinsam: das Talent, Einsparungspotenzial zu finden, die oft auf Kosten von Mitarbeitern gehen.

Da werden gerne Vorschläge auf den Tisch gelegt, ganze Standorte, Abteilungen oder Teams zum Beispiel durch kreative Auslagerungen (an Dritte) einzusparen, um so den Gewinn zu maximieren bzw. den Umsatz zu pushen. Ebenfalls bekannt als „Outsourcing". Hin und wieder fällt in diesem Zusammenhang auch das Stichwort „Synergieeffekte".

Allerdings bedeutet das Wort „Synergie", dass sich zwei oder mehrere Faktoren gegenseitig fördern und nicht, dass das eine Team zusätzliche Aufgaben eines anderen Teams übernimmt. Dies ist häufig ein Missverständnis bei Führungskräften.

Ich habe etliche Einsparungsprogramme erlebt und deren

Auswirkungen bzw. „Synergien" erfahren. Allerdings nicht in dem Sinn, wie es den Anschein hatte, denn in Wahrheit war es Lug und Trug, was auf dem Silbertablett serviert wurde. Durch Auslagerungen wird langfristig kaum Geld gespart, vielmehr geht wertvolles und spezifisches Know-How verloren. Know-How, dass das Unternehmen ausmacht und am Leben hält. Mit diesem Verlust sinken auch Mitarbeitermotivation und Kreativität, Herausforderungen zu meistern und Probleme zu lösen. Diese mindert letztendlich auch die Wettbewerbsfähigkeit.

Kurzum: Wenn Sie möchten, dass Ihre Firma nach und nach den Kampf gegenüber Ihren Mitbewerben verliert, dann lagern Sie Abteilungen und Teams aus. Andernfalls gebe ich Ihnen folgenden Rat:

Versuchen Sie, jeden Mitarbeiter zu entfernen, der Ihnen als Lösung für Umsatzverluste, hohen Konkurrenzdruck, schlechtes Produktportfolio eine Auslagerung anbietet.

Outsourcing ist nur dann sinnvoll, wenn Ihrem Unternehmen aktuell die notwendigen Kompetenzen oder Ressourcen fehlen, um bestimmte Aufgaben zu übernehmen. Selbst dann rate ich dringend dazu, sich dieses Know-How so schnell wie möglich intern aufzubauen, um die Abhängigkeit von Dritten zu verringern.

Warum? Aus einem einfachen Grund: Jede Tätigkeit in Ihrem Unternehmen umfasst ein hohes Know-How und eine Vielzahl an sensiblen Daten. Sobald Sie dieses Wissen und diese Daten auch nur ansatzweise an eine andere Firma übergeben, so besteht das Risiko, dass diese verloren gehen oder missbraucht werden.

Vielleicht erscheint Ihnen das übertrieben, schließlich setzen viele Unternehmen auf Auslagerungen. Doch blicken wir hinter die Kulissen:

4.10.1   Was bedeutet Outsourcing?

„Outsourcing setzt sich zusammen aus den Anglizismen **out**side (außen), Re**sourc**es (Quellen) und us**ing** (nutzen). Outsourcing ist das Konzept, das Kopf und Hände der Beschäftigten für die Kernaufgaben des Unternehmens frei macht."

Wichtig in diesem Zusammenhang ist, dass es sich hierbei immer um eine kostenabhängige Aktion handelt, denn Outsourcing rechnet sich erst, wenn mindestens 20 Prozent der anfallenden Kosten eingespart werden.

Witzig finde ich, dass dadurch ziemlich oft dieselben Kosten, die angeblich eingespart werden, am Ende wieder eingebüßt werden. Sei es durch Kundenbeschwerden aufgrund komplexer Abläufe, kostenintensive Verträge mit dem Outsourcing-Partner, schlechtes Betriebsklima oder weil Kollegen durch Outsourcing den Arbeitsplatz verloren haben.

Doch wer vom Outsourcing überzeugt ist, lässt sich davon

nicht beirren. Er nennt nur die vermeintlichen Vorteile, wie zum Beispiel Effizienzsteigerung, Zeitersparnis, Qualitätssteigerungen und Flexibilität. Am Ende wird eine Eier legende Wollmilchsau präsentiert.

Die Realität sieht anders aus: Durch Outsourcing holen Sie sich jemanden ins Boot, den Sie nur durch Verträge einigermaßen steuern können. Sprich, Sie machen sich abhängig von Lieferanten, die Hand in Hand mit Qualitäts- oder Kontrollverlusten einhergehen können. Was zu Beginn nach einer Top-Partnerschaft aussieht, kann sich nach wenigen Monaten zur Katastrophe entwickeln - weil Sie sensible Daten und wertvolles Know-How ausgelagert haben.

Weitere Nachteile von Outsourcing sind unter anderem:

Erhöhte Kommunikation

Jede Anforderung und Besonderheit muss bis ins Detail besprochen und festgehalten werden. Dies kann mitunter viel Zeit kosten, die entweder mindestens eine Führungskraft oder ein Mitarbeiter aufbringen muss. Von Zeitersparnis kann deshalb am Anfang keine Rede sein.

Kontrollverlust

Alles, was Sie nicht mehr in Ihrer eigenen Firma herstellen, verwalten oder kontrollieren, geht mit einem Kontrollverlust einher. Besonders knifflig wird die Situation, wenn Ihr Outsourcing-Partner es mit der Qualität oder dem Datenschutz nicht so ernst nimmt, denn beides fällt auf Ihr Unternehmen zurück.

Abhängigkeit

Es mag zwar attraktiv klingen, seine Mitarbeiter nicht in Bezug auf neue Aufgaben schulen oder neue Mitarbeiter einstellen zu müssen. Doch wenn Sie Kosten und Zeit durch Outsourcing „sparen", so heißt das auch, dass Sie sich von diesem Partner abhängig machen. Wenn dieser Preise erhöht oder Leistungen wegen eines anderen

Auftraggebers reduziert, dann sind es Kosten und Zeit, die auf jeden Fall auf der Strecke bleiben.

Negatives Betriebsklima

Wenn eine Firma stets mit Outsourcing zu tun hat, dann ist es mit der eigenen Loyalität im Unternehmen nicht gut bestellt. Mitarbeiter könnten jederzeit Opfer dieser Strategie werden – und seien wir uns ehrlich, würden Sie dann noch mit vollem Tatendrang zur Arbeit kommen?

Allerdings gibt es Bereiche und Aufgaben, die durch Outsourcing bewältigt werden können. Dazu gehören beispielsweise IT-Support, Logistik, Buchhaltung, Kundenservice und einzelne Marketingaufgaben. Diese Tätigkeiten erfordern oft spezialisiertes Fachwissen oder sind stark prozessorientiert und können effizienter von externen Dienstleistern übernommen werden.

Trotzdem sollten Sie Outsourcing bewusst einsetzen und

bevorzugt auf Bereiche beschränken, die nicht zum Kerngeschäft Ihres Unternehmens gehören. Versuchen Sie, strategisch wichtige Prozesse sowie das Know-How in Ihrem Unternehmen aufzubauen und zu bewahren. Seien Sie stets Ihr eigener Herr Ihrer Kundendaten und Produktdaten und sichern Sie Ihre Unternehmenskompetenzen langfristig ab.

„Wer zu spät an die Kosten denkt,
ruiniert sein Unternehmen.
Wer immer zu früh an die Kosten denkt,
tötet die Kreativität."
– *Philip Rosenthal*

4.11 Ich habe Fachkompetenz, also bin ich

Typischerweise ist es so, dass beim Erklimmen der Karriereleiter auch die Fachkompetenz erweitert wird, da der Zugang zu detaillierten und umfangreicheren Informationen gewährleistet ist. Allerdings heißt das nicht, dass die Führungskompetenz mitwächst – und wer das Buch bis hierher gelesen hat, weiß, was ich meine.

Die verhängnisvolle Begeisterung

Es gibt Mitarbeiter, die sich für ihren Job regelrecht begeistern können. Sie saugen jede Information auf und leben von Arbeitstag zu Arbeitstag, weil ihnen das, was sie machen, Spaß bereitet. Manchmal passiert es, dass andere Führungskräfte oder das Management in solchen Mitarbeitern eine potenzielle Führungskraft sehen. Denn sonst würden sie nicht so wissbegierig sein – so die Annahme. Dabei wird Fachkompetenz mit

Führungskompetenz verwechselt.

Dadurch ergibt sich eine Lose-lose-Situation: Der ehemals begeisterte Mitarbeiter, der nun eine Führungskraft geworden ist, darf die Arbeit, die ihm Freude bereitet hat, nicht mehr ausführen. Stattdessen muss er sich nun um Mitarbeiter und deren Führung kümmern – eine Aufgabe, für die er oft weder geschaffen noch ausgebildet ist. Gleichzeitig müssen die Mitarbeiter mit einer überforderten und wahrscheinlich inkompetenten Führungskraft zurechtkommen. Dies führt häufig zu:

- **Nachlassender Leistung**

- **Sinkender Loyalität**

- **Innerer oder tatsächlicher Kündigung**

- **Dienst nach Vorschrift**

Es sollte sichergestellt werden, ob eine Person tatsächlich Begeisterung und die notwendigen Kompetenzen für eine

Führungsrolle mitbringt. Ich habe mehr Fehlbesetzungen und Fehlentscheidungen erlebt, als ich Finger an den Händen habe.

Die gesicherte Fachkompetenz

Natürlich gibt es auch den umgekehrten Fall. Wie dieser aussehen mag, fragen Sie sich gerade?

Lassen Sie es mich so erklären: Um als Führungskraft Fachkompetenz nach außen zu präsentieren, genügt es, eine Person – etwa als Assistenten oder Gruppenleiter – einzusetzen, die weniger Fach- und Führungskompetenz aufweist als man selbst. Dadurch wird man im Team als kompetent und souverän wahrgenommen. Wichtig dabei ist, diesem Assistenten einige Entscheidungen zu überlassen, die wahrscheinlich nicht optimal ausfallen. Wenn dann die Führungskraft eingreift und die Situation rettet, steigt die Loyalität der Mitarbeiter.

Ich nenne das die „gesicherte Fachkompetenz" – weil es wenige gibt, die Ihre Fach- oder Führungskompetenz infrage stellen werden.

4.12 Du bist mein Held – Verhalte dich auch so

Meist gibt es in einem Team ein Wunderkind. Jemand, der Ihnen als Führungskraft viel Arbeit abnehmen kann, weil er gute Ergebnisse liefert, interessante Sichtweisen und Feedbacks gibt und ein gewisses Auftreten hat. Sozusagen der Held in der Abteilung. Jemand, der nicht im Rampenlicht agiert, jedoch stets weiß, wie das Stimmungsbild im Team oder in der Abteilung ist und wo man ansetzen könnte, um die Motivation und Leistung zu pushen.

Solche Helden werden gerne direkt bzw. indirekt mit Managementaufgaben betraut, da sichergestellt werden kann, dass das Ergebnis den Wünschen entspricht und nur anfangs ein wenig Kontrolle und Korrektur benötigt wird. Wenn Sie als Führungskraft so einen Helden besitzen, dürfen Sie sich glücklich schätzen.

Meist entwickeln sich solche Helden aus einem Projekt heraus. Sie sind die typischen Schlüsselpersonen, die großes Wissen und ein Netzwerk sowie Zugriffe besitzen, mit denen das Projekt erfolgreich umgesetzt werden kann. Fällt diese Person z. B. wegen Urlaub oder Krankenstand aus, gerät das ganze Vorhaben meist ins Stocken.

Tragischerweise habe ich viele Helden untergehen gesehen, weil sie mit Unmengen an Aufgaben zugeschüttet und straffen Zeitplänen konfrontiert wurden. Denn Helden haben die Eigenheit, nicht Nein sagen zu können. Empathische Führungskräfte hören zwar den Grad der Belastung heraus, alle anderen sind aber der Meinung, dass nur eine oder zwei zusätzliche Kaffeepausen die Lösung sein könnten. Bestenfalls ein Termin mit Folgemeetings.

Ich erlebte eine Führungskraft, die so einen Helden trotz sichtbarer Überlastung mit noch mehr Aufgaben betraute, weil sie der Überzeugung war, dass der Perfektionismus dieses Helden und nicht die Fülle an Tätigkeiten das Problem war. Es dauerte nicht lange, bis sich dieser Held in einem dreimonatigen Krankenstand verabschiedete, da typische Burn-out-Symptome die Folge waren.

Wenn Sie einen Mitarbeiter mit Aufgaben überschütten, dann sollten Sie sicherstellen, dass Sie heraushören, wann das Limit erreicht ist. Können Sie das nicht, dann müssen Sie die Verantwortung für den angerichteten Schaden übernehmen.

Ich denke nicht, dass ich erwähnen muss, dass Sie dadurch auch mit der Psyche und dem Leben dieses Mitarbeiters gespielt haben. Aus diesem Grund gibt es in manchen Unternehmen scharfe Sanktionen gegen diese Art von Führungskräften.

4.13 Das Unternehmen bin ich

Wussten Sie, dass jede zehnte Führungskraft mehr als 60 Stunden pro Woche arbeitet? Dabei ist es selten die Arbeitslast an sich, die die Arbeitsstunden explodieren lässt, sondern die Eigenheit dieser Gruppe, sich für alle Aufgaben des Unternehmens verantwortlich zu fühlen. Manche Führungskräfte gehen so weit, dass sie Aufgaben und Tätigkeiten von unterstellten Sachbearbeitern übernehmen, weil sie der Meinung sind, das Richtige für das Unternehmen zu tun.

Da kann es passieren, dass diese Person Kundenanliegen bearbeitet, E-Mails beantwortet, die nur zur Info weitergeleitet wurden, und Dinge organisiert, für die es Mitarbeiter mit der entsprechenden Verantwortung gibt. Für mich entsteht der Eindruck, dass es diese Führungskräfte vermeiden, nach Hause zu gehen, da sie dort entweder allein oder von Personen umgeben sind, die ihnen mehr Kopfschmerzen verursachen als die Tätigkeit im Büro.

Manche Führungskräfte halten sich für so unentbehrlich, dass sie E-Mails im Krankenstand und Urlaub weiterbearbeiten, anstatt sich und dem Körper eine Auszeit zu gönnen. Am meisten beeindruckten mich Führungskräfte, die diesen Umstand auch noch vor Urlaubsantritt fröhlich hinausposaunten: „Ihr könnt mich bei Bedarf unter meiner Privatnummer kontaktieren und ich checke meine E-Mails täglich."

Ich finde es tragisch und bedenklich, dass sich Menschen so mit einem Unternehmen identifizieren, dass kein Wert mehr auf die private Zeit gelegt wird. Sofern es nicht Ihre eigene Firma ist, und selbst da sind Grenzen zu ziehen: Hören Sie auf damit!

Dass diese Führungskräfte den Eindruck erwecken, als Kontrollorgan gegenüber den Mitarbeitern zu agieren oder mit ihrer Führungsposition überfordert zu sein, kommt ihnen nicht in den Sinn. Als Führungskraft müssen Sie sich im Klaren sein, dass Sie andere Aufgaben und Verantwortungen haben als die ständige Kontrolle Ihrer Mitarbeiter. Wie bei einem Flugzeug sind die Räder nur für den Start und die Landung notwendig. Während des Flugs sind sie hinderlich und können einen Absturz zur Folge haben. Sinngemäß sollten Sie sich, wie ein Rad am Flugzeug, zurückziehen und nur dann eingreifen, wenn es notwendig ist.

Übrigens, wenn Ihr Heimatflughafen einsam ist, dann sollten Sie zur Erkenntnis gelangen, dass das Leben nicht nur aus Arbeit besteht. Suchen Sie sich ein Hobby oder Freunde.

Im Falle, dass Ihr Flughafen jedoch ein Ort ist, an dem Sie sich nicht mehr wohlfühlen, weil Sie mit den dort anwesenden Personen nicht klarkommen, dann sollten Sie überlegen, wie Sie zukünftig weitermachen möchten. Als

Führungskraft sollten Sie nicht nur Ihren beruflichen, sondern auch privaten Alltag im Griff haben. Dieser sollte nicht darin bestehen, dass Sie Ihren Frust, Ärger oder Kummer in Alkohol und anderen Drogen ertränken.

4.14 Die Entscheidung ist tot, lang lebe die Entscheidung

Unternehmen leben von Entscheidungen. Das Management trifft sie gerne und Führungskräfte kommunizieren diese (meist nicht so gerne).

Was in dieser Kommunikationskette jedoch oft übersehen wird: 95 Prozent aller Entscheidungen basieren auf einem bestimmten Informationsstand. Fehlt dieser, fällt es in der Regel schwer, die getroffene Entscheidung nachzuvollziehen oder zu akzeptieren. Das gilt nicht nur im beruflichen Umfeld, sondern ebenso im privaten Alltag.

Während früher die Meinung vertreten wurde, dass Mitarbeiter nur Anweisungen befolgen und ausführen müssen, wurde in diesem Jahrhundert erkannt, dass ein Informationsstand – egal, ob gut oder schlecht – die Meinung und Loyalität erheblich beeinflussen kann. Je transparenter Sie auftreten, desto weniger Raum geben

Sie Spekulationen oder Gerüchten.

Umso erstaunlicher ist die Art und Weise, wie manche Firmen mit Managemententscheidungen umgehen.

Im kleinen dunklen Kämmerchen oder am Strand von Hawaii werden Unternehmensänderungen wie Ausrichtung, Umstrukturierungen oder der Verkauf des Unternehmens besprochen und festgelegt. Mitarbeiter bekommen dann über ihre Führungskräfte die „notwendigen" Informationen häppchenweise serviert.

Logischerweise fehlt es den Mitarbeitern dann an Verständnis und Nachvollziehbarkeit dieser getroffenen Entscheidungen. Anstatt diese transparent zu machen, werden Mitarbeiter über Newsletter, Meetings und hauseigene Projekte auf den neuen Umstand vorbereitet – allerdings immer unter dem Aspekt, selbst möglichst wenig Wissen über die getroffene Entscheidung an die Mitarbeiter zu kommunizieren.

Lassen Sie mich diese Situation mit den Monarchien vergangener Zeiten vergleichen.

Könige hatten ihre Berater, daraus folgten Gesetze, Bestimmungen, Kriegserklärungen, Friedens-vereinbarungen und irgendwann der Untergang der Monarchie. Wenn Bürger sich gegen Entscheidungen auflehnen, weil diese nicht nachvollziehbar sind, können ganze Regierungen und Staaten ausgehebelt werden. Wieso sollte es bei Firmen anders sein?

Beachten Sie den Mindestinformationsstand bei Entscheidungen in Ihrem Unternehmen bzw. Team.

Nur weil Sie eine Entscheidung seitens des Managements oder durch eigene Befugnisse nachvollziehen können, heißt das nicht, dass das Ihre Mitarbeiter auch können. Mitarbeiter tun sich mit Anordnungen und Entscheidungen leichter, wenn sie nachvollziehbar und plausibel sind.

Legen Sie die Angst und Befürchtung ab, dass Ihnen durch Transparenz ein Strick gedreht werden könnte. Das Gegenteil ist mit hoher Wahrscheinlichkeit der Fall.

4.15 Hauptsache gesagt und geschrieben

Stellen Sie sich bitte folgende Situation vor:

An einem verregneten Sommertag gegen 15:00 Uhr betreten drei Frauen mit einem Hund einen Friseursalon in New York. Die Frauen sind alle dem Wetter entsprechend gekleidet. Rote Gummistiefel und einen bunten Schirm hat eine, deren Alter wir aus Höflichkeitsgründen nicht nennen, gelbe Gummistiefel und einen leicht durchsichtigen Regenmantel die zweite. Blaue Gummistiefel ohne weiteren Regenschutz trägt die dritte und jüngste Dame. Sie haben sich vor drei Wochen für diesen Termin in einem Café in der Nähe verabredet, weil in drei Tagen die Hochzeit einer bekannten Freundin stattfindet. Zwei der drei Frauen sind bereits verheiratet, nur eine ist single. Sie hält beim Betreten des Friseursalons die Tür für die anderen zwei auf. Das tut sie immer, sofern nicht die andere und reichste Freundin mit dem eigenen Auto fährt.

Dann wartet sie, ob dies zugesperrt ist, und geht nie als Erste in ein Geschäft. Somit hält die andere Freundin, die schon die Großmutter der jüngsten Dame kennengelernt hat, die Tür auf. Die Großmutter ist bereits im älteren Semester, was zwar in dieser Geschichte nichts zur Sache tut, aber ich wollte es erwähnen. Der Friseur, der um die 40 Jahre alt ist, kennt die drei Damen und bittet die Älteste, auf dem Sessel Platz zu nehmen, während die anderen zwei Damen mit Getränken versorgt werden. Tee ohne Zucker, dafür mit etwas Milch für die Dame mit den gelben Gummistiefeln, schwarzen Kaffee und ein Glas Wasser für die Freundin mit den roten Gummistiefeln. Sie trinkt am Anfang immer Cola mit einem – nicht zwei oder drei – Eiswürfel. Gut zu wissen: Falsche Bestellungen führen zu schlechter Laune. Schlechte Laune führt zu schlechter Frisur. Da versteht weder Frau noch Mann einen Spaß.

Meine Frage: Vor wie vielen Tagen haben sich die drei Damen verabredet?

Wenn Sie die Antwort auf diese Frage geben können, ohne nochmals nachzulesen, dann gratuliere ich Ihnen. Wenn nicht, dann auch, da Sie etwas gelernt haben: Informationen sollten kurz und bündig gehalten werden. Gehen sie über einen Absatz hinaus, dann laufen sie Gefahr, dass diese vom Gegenüber nicht mehr wahrgenommen oder verarbeitet werden. Die Antwort lautet übrigens: vor drei Wochen.

Warum habe ich das gemacht?

Weil ich unzählige Male erlebt habe, wie Führungskräfte ihre Mitarbeiter mit langen E-Mails oder Vorträgen regelrecht bombardiert haben. Hauptsache, es wurde gesagt oder geschrieben, der Rest liegt dann beim Mitarbeiter.

Genauso machen es übrigens auch Politiker.

Viele Wörter, die jedoch kaum Informationen enthalten. Und wenn, dann sind sie so verpackt, dass sie als solche kaum wahrgenommen werden können.

Wenn Sie möchten, dass Mitarbeiter etwas wissen oder verinnerlichen, dann fassen Sie sich kurz. Bringen Sie die Informationen auf den Tisch, die Sie selbst benötigen würden, wenn die Rollen vertauscht wären.

Ich erlebe oft Führungskräfte, die Mitarbeiter zurechtweisen, weil sie etwas nicht (mehr) wissen oder vergessen haben. „Das weiß doch jeder" ist ein typischer Satz, der in diesem Zusammenhang oft bemüht wird. Tatsache ist: Wenn es jeder weiß, dann ist es nichts mehr, über das sich jemand aufregen müsste, weil es unter die Kategorie Allgemeinwissen fällt. Doch was fällt unter Allgemeinwissen? Wer definiert das? Und was passiert, wenn ich dieses Wissen nicht habe?

Wenn Mitarbeiter etwas nicht wissen, dann ist die Ursache dafür in erster Linie bei der Führungskraft und deren Kommunikationsstil zu suchen. Aus den Gründen, die ich

Ihnen nennen möchte:

- Dem Mitarbeiter wurde das Wissen noch nicht vermittelt – also kann er keine Schuld an dem Nichtwissen haben. Der Satz „Unwissenheit schützt vor Strafe nicht" ist in diesem Zusammenhang eine veraltete Aussage und bestärkt die Tatsache, dass es in der Kommunikation ein Problem seitens des Senders gibt (Wer vermittelt, wie, wann, wo und an wen die Information?). Es ist also eher dem Sender und nicht dem Empfänger anzulasten, dass in der Kommunikation Verbesserungsbedarf besteht.

Übrigens, der berühmte Satz „Unwissenheit schützt vor Strafe nicht" (Ignorantia legis non excusat) wurde zwischen 1840 und 1850 bekannt und damals waren Informationen eher dürftig und überschaubar. Ist das in der heutigen Welt nach wie vor zu behaupten?

- Der Inhalt der Information war unzureichend aufbereitet. Entweder in einer anderen Sprache, falschen Grammatik, zu wenig oder zu viele Informationen, ohne praktische Beispiele oder Bezug oder ohne unzureichende Unterstützung anderer Medien, wie z. B. Audios, Videos oder Bilder.

Vor allem lehrenden Personen lege ich diesen Absatz ans Herz. Bereits in der Volksschule ist es erschreckend zu sehen, mit welcher Selbstverständlichkeit neue Informationen an Kinder übermittelt werden.

- Der Zeitpunkt war nicht dafür geeignet, weil der Mitarbeiter z. B. in einem Telefonat war, Mittagspause oder keinen Dienst hatte oder noch nicht bei dieser Firma arbeitete.

- Der Ort war suboptimal gewählt, weil die Führungskraft die Anordnung via Selbstgespräch zu

Hause in der Badewanne vermittelte oder die Akustik in der Firmenkantine unzureichend war.

- Es wurden die falschen Teilnehmer angesprochen, die bereits an einem anderen Projekt mit anderen Richtlinien arbeiteten.

- Der Übermittler der Information war nicht dafür geeignet, weil er nicht vor vielen Leuten reden kann, die Übertragung mit der Dauer immer ermüdender wurde oder wichtige Informationen nicht auf den Punkt gebracht wurden.

Sie sehen – Kommunikation ist ein komplexes Thema. Nicht nur im Beruf, sondern vor allem in Beziehungen (wie z. B. in der Diplomatie).

Wenn Sie der Meinung sind, dass Sie es „nur sagen" oder „nur niederschreiben" müssen, damit Ihr Gegenüber, das versteht, dann empfehle ich Ihnen, eine Reise in ein Land zu machen, in dem eine Sprache gesprochen wird, die Sie nicht beherrschen. Sie werden feststellen, dass Reden und Schreiben noch lange keine Kommunikation sicherstellen.

4.16 Allwissend und doch nichts wissend

Früher gab es Wahrsager, die mithilfe von Karten oder Glaskugeln auf jede noch so abstrakte Frage eine Antwort wussten. Heute, im 21. Jahrhundert, sind andere Formen der Vorhersehung und der Allwissenheit allgegenwärtig. Die Form der verankerten – oder nicht verankerten – Weisheit, die man durch die Ausübung einer Position automatisch erhält.

Klingt komisch? Ist es tragischerweise nicht.

Was manche Firmen hinter den Türen machen, können Sie auf der Weltbühne der Politik täglich beobachten. Minister besetzen Posten und pachten die Weisheit, die mit dieser Aufgabe einhergeht, sofort und uneingeschränkt für sich.

Sie erhalten knapp eine Million Treffer auf einer bekannten Suchmaschine, wenn Sie die Suchbegriffe „Minister" und „Rücktritt" gemeinsam eingeben. Egal, ob Umwelt-, Bildungs- oder Gesundheitsminister – sie alle waren sich ihrer Aufgabe und Verantwortung nicht oder kaum bewusst und agierten bis zu einem Punkt, an dem das berühmte Kartenhaus der Lügen, der Verantwortungslosigkeit und der Fehlentscheidungen nicht mehr standhielt.

Ist es nicht erschreckend, dass trotzdem alle Gesetze und Regeln während dieser Amtszeit uneingeschränkte Gültigkeit besitzen? Wer weiß, wie viele Menschen deshalb finanziell bzw. gesundheitlich geschädigt wurden oder vor dem Ruin stehen?

Wenn Sie der Meinung sind, dass diese Personen von unzähligen Beratern und Experten mit Informationen versorgt werden und demzufolge kaum Schuld an ihren Entscheidungen oder ihrem Verhalten haben, so stellen Sie sich die Frage: Wer ist haftbar und schuldig, wenn Sie aufgrund von Fehlinformationen oder Irreführung eine falsche Entscheidung treffen? Sei es im Straßenverkehr, bei Risikogeschäften oder bei alltäglichen Geschäften, wie einem Mobilfunkvertrag oder einem Vertrag für ein Fitnessstudio, das nur einmal im Monat besucht wird.

Sie als Bürger sind für alle Ihre Tätigkeiten uneingeschränkt haftbar. Wenn Sie Informationen vermitteln, die anderen Menschen oder der Umwelt schaden, dann müssen Sie dafür geradestehen. Mit Geld und notfalls mit Ihrer Freiheit.

Führungskräfte, vor allem Politiker, haben offensichtlich gewisse Vorzüge, damit diese Verantwortung nicht auf sie übertragen wird. Zumindest nicht, wenn daraus ein Schaden entsteht – Ausnahmen bestätigen die Regel. Dieser Vorzug geht mit der Position und einer entsprechenden und gekoppelten Erwartungshaltung einher.

Aus diesem Grund gibt es mindestens einmal im Jahr einen Skandal, der einen falschen Arzt in einem Krankenhaus oder in einer Arztpraxis entlarvt. Alles steht und fällt mit der Rolle, die Sie ausüben, und der Erwartungshaltung, die Sie an eine verknüpfte Position erfüllen. Seien Sie sich dieser Information in zwei Punkten bewusst:

1. Sie genießen einen hohen Vertrauensvorschuss durch die Ausübung dieser Position.

2. Hinterfragen Sie kritisch die Tätigkeiten und Aussagen einer Person, die eine Position mit einer hohen Verantwortung gegenüber Menschen und Umwelt ausübt. Egal ob Arzt, Polizist, Politiker, Führungskraft eines Unternehmens, Architekt oder bekannte Markenunternehmen, die Ihnen suggerieren, dass ihnen beide Themen am Herzen liegen.

Jede Tatsache und Meinung sollte aus mindestens zwei Blickwinkeln betrachtet werden. Wenn Ihnen jemand das „Blaue vom Himmel" verspricht, dann versetzen Sie sich in die Lage Ihres Gegenübers. Sie werden eventuell die wahren Absichten schneller erkennen als in Ihrer ursprünglichen Position.

Da ich in meinen meist privaten Diskussionen oft mit der Frage konfrontiert werde, was ich denn ändern bzw. besser machen würde, ist dies einfach zu erklären:

1. Schadet mir die Handlung oder Information jetzt oder zu einem späteren Zeitpunkt?

2. Schadet die Handlung oder Information jetzt oder zu einem späteren Zeitpunkt einer Gruppe von Menschen?

3. Schadet die Handlung oder Information jetzt oder zu einem späteren Zeitpunkt der Umwelt (Tiere, Vegetation, Ressourcen, Klima etc.)?

Ist einer der drei Punkte mit „Ja" zu beantworten, dann ist sowohl die Handlung als auch die Information mit Dringlichkeit zu hinterfragen. Nur durch das Hinterfragen und Beleuchten aller Informationen kann eine fundierte

Meinung gebildet und eine richtungsweisende Entscheidung getroffen werden.

4.17 Ich deutsch, ich nix verstehen

Diese bedenkliche Entwicklung habe ich bei vielen Großkonzernen beobachtet. Wie Sie wissen, basiert die tägliche Kommunikation auf derselben Sprache, möglichst gleichen Zielen und identen Parametern. Probleme beim Austausch von Informationen entstehen, sobald ein Parameter von Gesprächsteilnehmern abweicht.

Basierend auf diesem Aspekt sollte, wenn möglich, die Kommunikation in einer Sprache geführt werden, die alle Beteiligten ohne Hindernisse verstehen. Allerdings ist das bei Unternehmen, die eine gewisse Größe angenommen haben, nur selten der Fall. Internationalisierung – auch wenn sie im Unternehmen noch nicht stattgefunden hat – wandelt plötzlich alltägliche Kommunikationen in eine Sprache um, die eine Unmenge an Missverständnissen mit sich bringt. E-Mails, Dokumente und Projekte treten nur noch in Englisch auf. Meetings werden trotzdem oft in deutscher Sprache geführt. Spannender wird es, wenn diese auf „Denglisch", also mit halb deutschen und halb englischen Wörtern, geführt werden.

Bitte nicht falsch verstehen: Es ist gut und zu begrüßen, wenn eine Unterhaltung in mehreren Sprachen geführt werden kann. Doch wie wichtig eine verständliche Kommunikation in Unternehmen ist, habe ich bereits auf den ersten Seiten verdeutlicht und das stellt den roten Faden dieses Buches dar. Mehrsprachigkeit sollte dort Anwendung finden, wo sie mit einer gewissen Notwendigkeit oder Freiwilligkeit einhergeht.

Zudem muss Mehrsprachigkeit zu jeder Zeit eine tatsächliche Mehrsprachigkeit verkörpern. Dies ist jedoch nicht mehr gegeben, wenn Sie dadurch eine Sprache ersetzen oder ignorieren. Ironischerweise haben das viele Unternehmen, vor allem Behörden, noch nicht richtig verstanden.

Denken Sie an die Entwicklung der digitalen Welt. Das Internet und deren Websites bzw. Apps (Applikationen) sind ein Sammelsurium von englischen und denglischen Wörtern. Oder haben Sie sich nicht beim letzten Mal gefragt, was mit „Phishing" wirklich gemeint ist, als Ihre Bank davor warnte? Mancher greift dann zu seinem „Gripsfernsprecher" und sucht danach. Sie fragen sich, was das ist? Ganz einfach ... ein Smartphone. Nur eben wortwörtlich ins Deutsche übersetzt. Weitere Wörter können Sie auf die-stadtredaktion.de finden.

Sie sehen, nur weil es für jemanden klar und verständlich ist, gibt es keine Garantie, dass dies für das Gegenüber ebenfalls zutrifft. Verfolgen Sie Mehrsprachigkeit, aber verbauen Sie sich nicht die Kommunikation damit, andernfalls wird auch bei Ihnen die rechte Hand nicht mehr wissen, was die linke Hand eigentlich tut.

4.18 Applaus, Applaus

Im Jahr 2020 stellten sich in Deutschland und Österreich viele Menschen auf ihre Balkone und applaudierten. Sie klatschten für Pfleger, Ärzte und alle, die sich in der Pandemie für das Wohlergehen ihrer Mitmenschen einsetzten.

Auch ich war beeindruckt von der enormen Leistungsbereitschaft dieser Menschen – und bin es bis heute. Dennoch habe ich mich der Applaus-Aktion nicht angeschlossen. Warum? Ganz einfach: Mit Applaus kann sich niemand etwas kaufen. Er ersetzt weder faire Bezahlung noch sichere Arbeitsbedingungen. Applaus ist symbolisch, aber nicht existenziell. Realistisch betrachtet bringt er den Betroffenen keinen wirklichen Nutzen.

In vielen Ländern wurde das Gesundheits- und Pflegesystem über Jahre hinweg kaputtgespart. Auch das Pensionssystem wurde in manchen Regierungen als teurer, aber unwichtiger Budgetposten behandelt.

Dann kam Corona.

Ein kaputtgespartes System war dieser Krise nicht gewachsen. Wäre das Virus so tödlich gewesen wie die spanische Grippe, würde unser Alltag heute ganz anders aussehen. Diese Situation ist das Ergebnis politischer Entscheidungen, die über Jahre hinweg getroffen und wiederholt unterstützt wurden. Jeder Politiker hätte in seiner Amtszeit die Möglichkeit gehabt, gegenzusteuern – auch in kleinen Schritten. Doch das Gegenteil war der Fall.

Parallel dazu haben sich Unternehmen auf die Schwächen des Gesundheitssystems spezialisiert und verdienen mittlerweile viel Geld mit der Krankheit anderer. Und wenn es nicht genug kranke Menschen gibt, werden eben Krankheiten erfunden. Die USA machen es vor: Bürger werden mit Medikamenten-Werbung im Fernsehen überschüttet, ohne überhaupt zu wissen, dass sie diese angeblich brauchen.

Der Staat hat hier eindeutig versagt. Das heutige Gesundheitssystem ist in weiten Teilen ein bürokratischer Apparat, der Menschen im Stich lässt. Wer jemals versucht hat, ein Pflegebett für Angehörige zu organisieren oder finanzielle Unterstützung für Brillen, Hörgeräte oder Zahnersatz zu beantragen, weiß, wovon ich spreche. Aber das ist ein anderes Thema.

Fakt ist: Jeder Mensch verdient für seine Leistung eine angemessene Wertschätzung – und Applaus gehört definitiv nicht dazu. Was stattdessen angemessen ist:

- Eine Jobgarantie

- Regelmäßige kostenlose Fort- und Weiterbildungen

- Faire Bezahlung und mit Bonuszahlungen

- Ein sicheres und gesundes Arbeitsumfeld

- Moderne und funktionierende Arbeitsmittel

- Menschenwürdige Arbeitszeiten und ausreichende Pausen

- Mitsprache bei Verbesserungen und Entwicklungen

Sind Sie anderer Meinung? Dann laden Sie doch einmal Ihre Familie und Freunde in ein gehobenes Restaurant ein. Genießen Sie das Essen in vollen Zügen – und wenn es ans Bezahlen geht, rufen Sie den Koch, den Inhaber und den Kellner zusammen und applaudieren Sie für das tolle Essen und den guten Service.

Glauben Sie, dass dieser Applaus die Rechnung bezahlt? Wahrscheinlich nicht. Im schlimmsten Fall droht Ihnen sogar eine Anzeige wegen Zechprellerei.

Jetzt verstehen Sie vielleicht besser, warum Applaus oder ein „Danke" per E-Mail keine echte Wertschätzung ist.

Wenn Sie als Vorgesetzter dazu neigen, Dankes-Mails zu verschicken, dann fragen Sie sich selbst: Würden Sie sich mit einem „Danke" oder Applaus für Ihre Leistungen zufriedengeben?

4.19 Der Narzisst – Ein toxischer Mitspieler

Unter dem Kapitel „Ich kam, sah und machte es allein" habe ich beschrieben, wie manche Führungskräfte oder Mitarbeiter egozentrisch agieren und in ihrem Handeln oft erhebliche Schäden verursachen. Nun möchte ich genauer auf diesen besonderen Typ Mensch eingehen: den Narzissten.

Kennen Sie einen Narzissten in Ihrem Umfeld? Die meisten würden bei dieser Frage den Kopf schütteln. Doch in Wahrheit befindet sich meist ein Narzisst in unmittelbarer Nähe. Sei es beruflich oder privat.

Narzissten sind Menschen, die sich in ihrer Persönlichkeit durch ein übersteigertes Selbstwertgefühl, ein großes Bedürfnis nach Bewunderung und mangender Empathie auszeichnen. Und gleich vorweg: Narzissten sind oft schwer zu erkennen, haben aber eine enorme Wirkung auf alle Bereiche, die sie begleiten, sei es auf Teams, Projekte, Freizeit und Beziehung oder ganze Unternehmen.

Die Strategie eines Narzissten

Ein Narzisst nutzt fortlaufend gezielt Manipulation, Eigenlob und Intrigen, um sich Vorteile zu verschaffen. Sie handeln nicht aus Fürsorge, Teamgeist oder dem Wunsch das Unternehmen zu verbessern, sondern aus einem persönlichen Streben nach macht, Status und Kontrolle.

Typische Strategien sind:

- **Eigenlob:** Sie stellen sich selbst als unersetzlich dar und nehmen Lob für Leistungen entgegen, die sie nicht erbracht haben. Beispielsweise schreiben sie vor dem Urlaub ein E-Mail mit dem Inhalt, dass sie bei Fragen oder Problemen auch im Urlaub erreichbar sind.

- **Kritik und Entwertung:** Andere Personen oder sogar ganze Abteilungen werden oft subtil oder offen herabgesetzt, um den eigenen Status zu erhöhen.

- **Manipulation:** Narzissten nutzen Schmeichelei oder Drohungen, um andere für ihre Zwecke zu instrumentalisieren. Dabei kann eine Konfrontation oft so aussehen, dass der Narzisst seine Aktion bestreitet oder kleinredet. Er stellt sich quasi selbst als Opfer der Intrige dar.

- **Sabotage:** Projekte, die nicht im Interesse des Narzissten liegen, werden bewusst blockiert oder schlechtgeredet.

Auswirkungen auf Teams und Unternehmen

Die Auswirkungen eines Narzissten können verheerend sein. Da Narzissten versteckt und manipulativ agieren, können sich in Teams Misstrauen und Demotivation ausbreiten. Zudem nehmen Konflikte und Spannungen zu – aus einer berühmten Mücke wird stets ein Elefant gemacht.

Für Unternehmen bedeutet das, dass die Fluktuation mitunter steigen wird, da Mitarbeiter die toxische Umgebung früher oder später verlassen werden. Dadurch gehen wichtige Talente und Know-How verloren. Projekte, die ein Narzisst beeinflussen kann, werden ineffizient oder gar nicht umgesetzt – mit Ausnahme jener, die er selbst steuern und dessen Lob er einheimsen kann.

Wie erkennt man einen Narzissten?

Eine gute Frage. Ich selbst war Narzissten in meinem privaten und beruflichen Umfeld jahrelang ausgesetzt, ohne dass ich das bewusst gemerkt hätte. Nun im Nachhinein, ist vieles offensichtlicher.

Narzissten zu erkennen, erfordert eine gewisse Aufmerksamkeit für deren Muster und Verhaltensweisen, die ich bereits erwähnt habe, wie Eigenlob, Schmeicheleien und Entwertung. In der Regel geben jedoch die betroffenen Mitarbeiter den entscheidenden Hinweis, dass Sie es mit einem Narzissten als Führungskraft zu tun haben. Kündigungen werden ausgesprochen, weil „das Arbeitsumfeld" nicht mehr passt oder weil man „Dinge nicht ändern kann".

Dabei sollten Sie sich stets vor Augen halten: Mitarbeiter verlassen keine Unternehmen, sondern stets Ihre Führungskräfte.

Die Frage, die Sie sich stellen müssen, ist: Wie viele Mitarbeiter und wie viel Know-How opfern Sie, um einen Narzissten zu schützen oder gar nicht erst zu suchen?

5 Die Macht der Worte – Wie Killerphrasen zerstören

Während sich das vorherige Kapitel mit den Eigenheiten und Reaktionen inkompetenter Führungskräfte beschäftigt hat, geht es nun um typische Aussagen, die gezielt oder unbewusst eingesetzt werden, um Mitarbeiter zu entmutigen. Diese sogenannten Killerphrasen zerstören Motivation, Vertrauen und letztlich auch den Teamgeist.

Einige dieser Phrasen habe ich für Sie gesammelt. Bitte behalten Sie dabei im Hinterkopf, dass es sich um Aussagen von erwachsenen Führungskräften an erwachsene Mitarbeiter handelt - selbst wenn sie eher kindisch wirken.

„Wir machen das so, weil ich es sage!"

Dieser Satz motiviert Mitarbeiter so sehr, dass sie sich schon auf die nächste Entscheidungsrunde freuen, um wertvollen Input zu liefern, der dann getrost im nächsten Mistkübel landet. Führungskräfte, die keine andere Sichtweise oder Kritik zulassen, haben meist ein Problem mit sich selbst. Sei es aus Angst, die Führungsposition oder das eigene Gesicht zu verlieren. Wenn Ihnen als Führungskraft bei Entscheidungsdiskussionen dieser Satz auf der Zunge brennt, dann überlegen Sie sich, was diese Reaktion bei Ihnen auslöst. Sind es die anwesenden Mitarbeiter? Ist es eine innere Angst? Fehlt es Ihnen an Kommunikationstalent?

Auf alle Fälle sollten Sie diese Phrase aus Ihrem Wortschatz streichen. Mit dem Dampfhammer etwas durchzusetzen, löst nur Frustration und Demotivation bei den Beteiligten aus. Das gilt nicht nur für den beruflichen Kontext.

„Was geht mich das an?"

Wenn Mitarbeiter ein Problem sehen oder im besten Fall eine neue Idee liefern, so sollten Sie als Führungskraft Zeit und Raum für dieses Anliegen finden. Selbst wenn das Anliegen bei Ihnen falsch ist, bedarf es eines Feedbacks, mit dem der Mitarbeiter etwas anfangen kann. Probleme, Kritik oder Verbesserungsmöglichkeiten aufgrund von Zuständigkeiten oder Terminen abzuschmettern, vergiftet jedes Betriebsklima und spricht sich schnell herum. Auf wertvolle Inputs von Ihren Mitarbeitern können Sie dann in Zukunft lange warten.

„Haben Sie nichts Besseres zu tun?"

Diese Phrase wird ebenfalls gerne geäußert, wenn Mitarbeiter Missstände oder Verbesserungen aufzeigen wollen, die Führungskraft davon jedoch nichts wissen will. Wie erwähnt: Wer mit kreativen oder lösungsorientierten Mitarbeitern nichts am Hut haben will, sollte sich selbst die

Frage stellen, ob das Unternehmen und die jeweilige Position richtig gewählt sind.

„Seien Sie froh, dass Sie überhaupt einen Job haben!"

Diese Aussage ist der Inbegriff der Demotivation. Meist wird sie ausgesprochen, wenn der Mitarbeiter erhebliche Kritik am Unternehmen oder an einer (bzw. Ihnen als) Führungskraft äußert, die berechtigt ist – oder auch nicht.

Wer solche Aussagen trifft, gesteht indirekt ein, dass im Unternehmen gravierende Probleme bestehen. Eine kompetente Führungskraft sucht Lösungen oder zieht Konsequenzen – bevor Frust und Resignation überhandnehmen.

„Würde ich Ihr Chef sein, hätte ich Sie bereits gekündigt!"

Diese Phrase wurde mir von einem Kollegen übermittelt, der eine Führungsposition bekleidete. Er hatte Probleme mit meiner Art, wie ich Dinge kritisch hinterfrage und auf den Tisch bringe. Sie sehen, ich weiß, wovon ich schreibe, und ich weiß, was das als Mitarbeiter bedeutet, wenn solche Phrasen verwendet werden.

Diese Drohung ist nicht nur respektlos, sondern auch gefährlich. Sie zerstört Vertrauen und schürt Angst. Eine Führungskraft, die sich so äußert, hat den Sinn von Führung nicht verstanden. Wer sich von kritischen Mitarbeitern überfordert fühlt, sollte überdenken, ob die Führungsrolle die richtige Position ist.

Grundsätzlich eine Anmerkung zu diesen Phrasen:

Eine Führungskraft meinte zu mir, dass ein „Schmusekurs" mit Mitarbeitern nicht immer gelebt werden kann. Gewisse Entscheidungen und Richtlinien fordern eine strenge Hand und klare Grenzen.

Das mag richtig sein, jedoch darf in diesem Zusammenhang nie vergessen werden, dass es sich um Menschen handelt, mit denen man es zu tun hat und auf die man angewiesen ist. Denn hätten Sie keine Mitarbeiter unter sich, dann würde es Ihre Führungsposition schlicht und ergreifend nicht geben.

Ich vertrete die Meinung, dass eine Führungskraft nicht das Recht erwirbt oder besitzt, Menschen zu beleidigen oder zu entwürdigen. Dieses Recht besitzt niemand – nicht einmal Anwälte.

Wenn Mitarbeiter mit gewissen Tätigkeiten überfordert sind, so ist es die Pflicht der Führungskraft, entweder die Aufgaben anzupassen, sie auszubilden oder eine andere angemessene Lösung zu finden. Im Gegenzug erwarte ich mir als Führungskraft von meinen Mitarbeitern jederzeit konstruktive Kritik, Verbesserungsvorschläge und neue Ideen, denn nur so können zukünftige Herausforderungen gemeinsam bewältigt werden. Darauf komme ich zurück.

Zusammenfassend: Killerphrasen heißen nicht umsonst so – es wird damit etwas Grundlegendes zerstört und beendet. In jedem Fall die aktuelle Diskussion und zusätzlich Loyalität, Kreativität, Ehrlichkeit und Vertrauen. Früher oder später wird sich dieser Verlust auf Ihr Unternehmen und Ihre Marktposition auswirken.

Wenn Sie Killerphrasen verwenden oder sich in den zitierten Floskeln und Eigenschaften wiederfinden, spielen Sie mit dem Feuer. Sie werden irgendwann feststellen, dass es einen großen Unterschied macht, ein Unternehmen bzw. Team zu führen, ODER lediglich zu kommandieren.

Jeder Mensch, Sie eingeschlossen, kann viel mehr leisten und Ideen zutage fördern, als Sie es für möglich halten. Es ist die wahre Aufgabe einer Führungskraft, dieses Potenzial zu erkennen.

„Führung ohne Interesse am Menschen ist wie Schwimmen ohne Wasser. Man sitzt schnell auf dem Trockenen."

– *Carsten Bach*

6 Was bedeutet Führung?

Meine persönliche Definition von guter Führung ist es, in jeder Situation den Überblick zu behalten – sowohl in guten als auch in schlechten Zeiten. Nicht kopflos herumzuirren und jeden Kommentar als Rettungsanker zu missbrauchen, sondern so viele Meinungen wie möglich einzuholen, zu sortieren und vor allem selbst zu bewerten und dann Entscheidungen durch die Abwägung von möglichen Gewinnen und Verlusten zu treffen.

Eine Führungskraft muss hinter ihren Entscheidungen stehen. Sie darf Verantwortung nicht auf Mitarbeiter, äußere Umstände oder Nebensächlichkeiten wie das Wetter oder den Geschmack des Kaffees abwälzen. Wer führt, muss Verantwortung übernehmen – unabhängig vom Ausgang.

Führung heißt, Chancen zu erkennen und mutig zu ergreifen, Mitarbeiter gezielt zu fördern und weiterzuentwickeln und im Sinne des Teams und des Unternehmens zu handeln. Wer ausschließlich dem Profit hinterherläuft, wird früher oder später scheitern – das zeigt die Geschichte immer wieder.

Wenn Sie nun an Ihre eigene Person oder an Ihren unmittelbaren Vorgesetzten denken, wie viele Punkte der zuvor genannten Kapitel und Unterkapitel werden dann positiv umgesetzt? Werden überhaupt wichtige Führungsgrundsätze beachtet, oder arbeiten Sie in einem Unternehmen, in dem Führungskräfte trotz offensichtlicher Schwächen unantastbar sind?

Letzteres ist häufiger der Fall, als Sie denken.

Inkompetente Führungskräfte gelangen oft schneller in Führungspositionen als fähige Mitarbeiter. Ihre Karriere basiert nicht auf Kompetenz, sondern auf Täuschung, Schein und strategischer Manipulation. Wer bereit ist, sprichwörtlich über Leichen zu gehen, kann es weit bringen – zumindest für eine gewisse Zeit. Die Folgen sind jedoch meist gravierend. Wer hinterfragt, wenn die Führungskraft die vermeintlich verdiente Bonifikation abholt und danach das sinkende Schiff wechselt?

Und hier liegt der Hund begraben.

Führungskräfte sind nicht allwissend. Viele verlieren den Blick für das große Ganze, weil sie für ihr Handeln nicht zur Rechenschaft gezogen, sondern mit Prämien belohnt werden.

Ich möchte diesen Absatz mit einigen Beispielen aus den letzten Jahren verdeutlichen:

6.1 Die Causa Mozilla

Im September 2020 kündigte der alternative und beliebte Browserhersteller Mozilla 250 Mitarbeiter - – ein Viertel der gesamten Belegschaft. Der offizielle Grund: Geldmangel.

Das Erstaunliche daran: Mozilla nahm jährlich rund 500 Millionen US-Dollar ein. Bei etwa 1.000 Mitarbeitern müsste jeder Mitarbeiter im Durchschnitt mehr als 500.000 US-Dollar pro Jahr oder rund 41.666 US-Dollar pro Monat verdient haben. Und das, ohne Betriebskosten wie Miete, Strom oder Marketing einzurechnen.

Kennen Sie jemanden, der mehr als 40.000 Euro im Monat verdient? Ich auch nicht. Daher ist es äußerst unwahrscheinlich, dass ein durchschnittlicher Mozilla-Mitarbeiter dieses Gehalt bezog.

Tatsächlich verdiente die Geschäftsführerin Mitchell Baker im Jahr 2018 mehr als 2,4 Millionen US-Dollar – eine einzige Person im Management.

Ironischerweise hatte dieselbe Geschäftsführerin bereits im Januar 2020 weitere 70 Mitarbeiter entlassen – mit der Begründung, dass die wirtschaftlichen Auswirkungen der Coronapandemie nicht vorhersehbar seien. Zur Erinnerung: Wir sprechen hier von einem Internetbrowser-Unternehmen.

Doch wie lässt sich rechtfertigen, dass das Management so hohe Gehälter bezog, während das Unternehmen gleichzeitig massive Stellenstreichungen vornahm? Warum wurden nicht rechtzeitig Maßnahmen ergriffen, um gegenzusteuern – etwa durch eine deutliche Reduzierung der Managergehälter?

Dieses Beispiel zeigt eindrucksvoll, was passiert, wenn Führungskräfte ihren Fokus verlieren. Anstatt Verantwortung zu übernehmen und Lösungen zu suchen, wird oft an den falschen Stellen gespart – und am Ende zahlen die Mitarbeiter den Preis.

6.2 Der VW-Diesel-Skandal

Im Jahr 2015 wurde bekannt, dass der Autohersteller Volkswagen (VW) in den USA wegen Unregelmäßigkeiten bei den Abgaswerten seiner Dieselfahrzeuge untersucht wurde. Medienberichten zufolge soll es bei der Software zur Abgassteuerung zu Manipulationen gekommen sein. Dies führte zu einer umfassenden Untersuchung und löste branchenweit Diskussionen über Emissionswerte und Umweltauflagen aus.

Laut Berichten waren möglicherweise mehr als 30 leitende Angestellte in den Vorfall involviert oder über die Problematik informiert. Die Konsequenzen waren erheblich: VW musste weltweit über 18 Milliarden US-Dollar an Strafzahlungen leisten. Besonders Kunden in Deutschland und Österreich mussten sich mit langwierigen Verfahren auseinandersetzen, anstatt direkt mit Entschuldigungen oder konkreten

Wiedergutmachungen rechnen zu können.

Dieser Fall verdeutlicht, wie wichtig es ist, dass Unternehmen ethische Grundsätze und gesetzliche Vorgaben einhalten. Fehlentscheidungen und mangelnde Transparenz im Management können schwerwiegende Folgen für das Unternehmen, die Belegschaft und die Kunden haben.

6.3 Der Fall Wirecard

Der Fall Wirecard zeigt, dass auch im Bereich der Finanzdienstleistungen schwerwiegende Fehler im Management auftreten können. Medienberichten zufolge wies das Unternehmen jahrelang Bankguthaben in Höhe von mehr als 1,9 Milliarden Euro aus, die später als nicht existent bekannt wurden.

Der entstandene Schaden war enorm. Berichten zufolge stand die Rolle der BaFin (Bundesanstalt für Finanzdienstleistungsaufsicht) in der Kritik, da sie Wirecard trotz auffälliger Unregelmäßigkeiten weiterhin unterstützte. Zwei Reporter der Financial Times erhielten Strafanzeigen, nachdem sie über Unstimmigkeiten bei Wirecard berichtet hatten. Dies wurde mit der Vermutung begründet, ihre Enthüllungen könnten gezielt einen Kursrutsch ausgelöst haben.

Als die Vorwürfe öffentlich wurden, verlor die Wirecard-

Aktie massiv an Wert – sie fiel von etwa 200 Euro auf unter 2 Euro. Dies bedeutete für viele Aktionäre erhebliche Verluste, während im Insolvenzverfahren vorrangig Banken und andere institutionelle Gläubiger ihre Forderungen anmelden konnten.

Dieser Fall unterstreicht die Bedeutung von Transparenz, Verantwortung und sorgfältiger Kontrolle im Finanzsektor. Fehlentscheidungen und mangelnde Aufsicht können erhebliche wirtschaftliche Schäden verursachen – für Unternehmen, Anleger und den Markt insgesamt.

6.4 Die Nokia-Geschichte

Nokia ist ein eindrucksvolles Beispiel dafür, wie der Erfolg eines Unternehmens stark von der strategischen Ausrichtung und den Entscheidungen seiner Führungskräfte beeinflusst wird. Ursprünglich war Nokia ein Hersteller von Papiererzeugnissen und später von Gummistiefeln, bevor es sich zu einem der führenden Unternehmen im Bereich der Telekommunikation entwickelte.

Dank innovativer Managemententscheidungen und einer klaren strategischen Ausrichtung wurde Nokia von 1998 bis 2011 zum weltweit größten Mobiltelefonhersteller. Doch dieser Erfolg war nicht von Dauer. Medienberichten zufolge führte eine strategische Fehlentscheidung innerhalb der Unternehmensführung dazu, dass Nokia den Anschluss an den Smartphone-Markt verlor. Dies hatte einen drastischen Umsatzeinbruch und in der Folge auch Mitarbeiterabbau zur Folge.

Interessant dabei: Eine Führungskraft des Unternehmens bezog im Jahr 2007 ein Gehalt von 3,4 Millionen Euro – das Doppelte im Vergleich zum Vorjahr (2006). Erst nach einem Führungswechsel gelang es Nokia ab 2010, sich wieder stärker auf den Smartphone-Markt zu konzentrieren.

Diese Entwicklung wirft Fragen auf: Wie rechtfertigen sich hohe Gehälter im Management, wenn gleichzeitig strategische Fehlentscheidungen zu finanziellen Verlusten und Entlassungen führen? Dieses Beispiel verdeutlicht, wie wichtig es ist, dass Unternehmensführung nicht nur kurzfristige Erfolge, sondern auch langfristige Entwicklungen im Blick behält.

Doch zurück zur Frage, was Führung bedeutet.

„Führung bedeutet, dass Menschen das Verhalten anderer beeinflussen wollen, um die eigenen oder gemeinsame Ziele zu erreichen."

Treffender lässt sich der Begriff kaum definieren:

Führung heißt, das VERHALTEN anderer Menschen gezielt zu BEEINFLUSSEN, um EIGENE oder GEMEINSAME ZIELE zu erreichen.

Im besten Fall basiert diese Einflussnahme auf Vertrauen, Respekt und Verantwortung. Im schlimmsten Fall jedoch wird sie zur Manipulation, um eigene Schwächen oder Fehlentscheidungen zu verschleiern – ein Phänomen, das im 21. Jahrhundert zunehmend häufiger vorkommt.

Ein Blick auf die Skandale und Unternehmenspleiten der letzten Jahre verdeutlicht diese Problematik. Besonders die Coronakrise 2020/2021 hat schonungslos Führungsschwächen in vielen Managementetagen offengelegt.

Dennoch greifen Unternehmen häufig auf Staatshilfen zurück, um eigenes Missmanagement auszugleichen – und geben äußeren Umständen wie einem Virus die Schuld. Ein Virus, das von Finanzen und Marktwirtschaft genauso wenig versteht wie mancher Politiker von Fremdsprachen oder dem eigenen Verantwortungsbereich.

Damit richten wir nun den Blick auf die sichtbarste Führungsebene unserer Gesellschaft: die Politik – und deren Einfluss auf die Allgemeinheit, die Zukunft der Menschheit sowie den Umgang mit Konflikten und globalen Herausforderungen.

6.5 Politiker als Vorbilder?

Nichts ist so schwammig wie eine Rede eines Politikers. Egal, welcher Partei dieser angehören mag. Sie werden nur das Gerede zu hören bekommen, das im Hintergrund sorgfältig vorbereitet wurde, um möglichst viele Wähler anzusprechen.

Ich bestreite es nicht: Politische Führungspersönlichkeiten tragen eine immense Verantwortung für die Gesellschaft. Ursprünglich war es das Ziel politischer Arbeit, durch verantwortungsbewusstes Handeln gesellschaftliche Probleme zu lösen und im Sinne der Bürger zu agieren. Dabei sollte der Fokus auf langfristigen Lösungen und dem Gemeinwohl liegen.

Doch in der heutigen Zeit wird Politik häufig von kurzfristigen Zielen geprägt. Komplexe Probleme werden oft nicht konsequent angegangen, sondern vertagt oder verwässert. Verantwortung wird meist nur dann übernommen, wenn es um Erfolge geht – bei Misserfolgen hingegen wird sie oft weitergereicht.

Daraus ergibt sich aktuell ein eher bescheidenes Ergebnis, wie ein kurzer Auszug aus dem Weltgeschehen verdeutlicht:

- Die Erderwärmung lässt sich nicht mehr leugnen und es wird kaum etwas dagegen getan. Wichtige Ziele werden auf 2030 oder später verschoben. Parameter, wie z. B. die Überfischung der Meere, werden ignoriert, da kein Zusammenhang erkennbar ist.

- Die Kluft zwischen Arm und Reich wird immer größer. Die Mittelschicht schrumpft zu einer einkommensschwachen bzw. -armen Gruppe, die immer mehr Arbeitszeit aufbringen muss.

- Völker reden trotz globaler und neuester Technologien immer weniger miteinander. Die

Kommunikation baut auf Missverständnissen und Misstrauen auf. Kleinste Funken genügen, um Aufstände, Demonstrationen oder Kriege auszulösen.

- Die Kindererziehung und deren Beschäftigung wird von Technologien übernommen, während die ältere Generation einsam und vergessen in Pflegeheimen untergebracht wird. Das Wissen an Erfahrung und Empathie wird nicht mehr gelehrt, sondern bestenfalls am Rande erwähnt. Somit wird eine neue Generation an Menschen heranwachsen, die mit Emotionen und den Herausforderungen des Lebens nicht mehr klarkommen wird.

- Unternehmen, aber auch immer mehr Menschen agieren nach dem Vor- und Leitbild der Politik und richten Unternehmens- bzw. Lebensziele nach diesen Werten aus. Wir befinden uns in einer Spirale, in der schlechte Nachrichten jeden Tag auf uns einprasseln, jeder zustimmt, dass sich etwas ändern muss, doch niemand den ersten Schritt in die richtige Richtung setzt.

Damit wir eine Antwort auf die scheinbar komplexe Frage „Was bedeutet Führung?" finden können, widmen wir uns im nächsten Kapitel deren Grundlagen.

7 Führungsmodelle und deren Theorien

Das folgende Kapitel bietet einen Überblick über verschiedene Führungsmodelle und deren theoretische Grundlagen. Diese Inhalte dienen vor allem der Ergänzung des bisherigen Themas und bieten vertiefende Einblicke in bewährte Führungskonzepte.

Falls Sie sich weniger für theoretische Ansätze interessieren und lieber praxisnahe Empfehlungen und direkte Umsetzungsstrategien für den Führungsalltag erhalten möchten, können Sie dieses Kapitel gerne überspringen und direkt mit Kapitel 8 fortfahren.

Es gibt seit Langem eine Vielzahl an Führungsmodellen und -stilen. Manche haben sich bewährt, andere wurden eingestampft. Damit Sie jedoch typische Merkmale und Erkenntnisse eines Führungsmodells erkennen, sollten Sie diese – vor allem als Führungskraft – einmal gehört oder gelesen haben. Wenn Sie nicht wissen, welchen Führungsstil Sie leben, dann können Sie nicht an Ihrer Führungsqualität arbeiten. Zudem sei erwähnt, dass selten nur ein Führungsstil ausgeführt wird, sondern meist ein Mix aus zwei oder drei Stilen.

Der Sinn von Führungsmodellen bzw. -stilen ist, dass durch verschiedene Techniken unterschiedliche Ziele durch das Führen von Mitarbeitern erreicht werden sollen. Dabei ist es nicht unwichtig zu erwähnen, dass sich Mitarbeiter mit dem Führungsstil der Führungskraft identifizieren sollten. Ansonsten kommt es zu erheblichen Missverständnissen, die das Betriebsklima nicht nur beeinflussen, sondern auch vergiften können. Kündigungen oder Boykottieren von Aufgaben sind dann keine Seltenheit.

Doch welche Führungsmodelle gibt es?

Im Internet finden Sie unter dem Stichwort „Führungsmodelle" oder auch „Führungsstile" eine Vielzahl von Theorien und Erklärungen. Einige möchte ich der Vollständigkeit halber anführen, jedoch nicht weiter ausführen, um Sie nicht mit trockener Theorie zu langweilen.

7.1 Management by Direction and Control (MbDC)

Das Management by Direction and Control (MbDC) ist ein klassischer und weitverbreiteter Führungsstil, bei dem die Führungskraft klare Anweisungen gibt und sämtliche Prozesse streng überwacht. Entscheidungen werden zentral getroffen, und alle Maßnahmen bedürfen der Zustimmung oder Freigabe durch die Führungskraft. Feste Regeln und eine kontinuierliche Kontrolle der Mitarbeitenden sind zentrale Elemente dieses Modells.

Meine persönliche Einschätzung zu diesem Führungsstil ist, dass er in bestimmten Bereichen und Situationen durchaus sinnvoll sein kann – etwa im Militär oder in sicherheitskritischen Bereichen, wo klare Strukturen und Hierarchien notwendig sind. In der modernen Berufswelt hingegen findet man diesen Führungsstil eher bei Fließbandarbeiten oder stark standardisierten Prozessen, wo wenig Raum für Eigeninitiative besteht.

Für kreative und innovative Arbeitsumgebungen ist dieser Führungsstil hingegen weniger geeignet, da er Eigenverantwortung und Motivation einschränkt.

7.2 Management by Delegation (MbD)

Das Management by Delegation (MbD) ist ein Führungsstil, der besonders in modernen Unternehmen Anwendung findet – jedoch oft missverstanden wird. Grundsätzlich sieht dieser Ansatz vor, dass Führungskräfte Aufgaben gezielt an Mitarbeitende delegieren. Die Führungskraft kontrolliert dabei lediglich die Meilensteine und das Endergebnis, steht jedoch während des gesamten Prozesses für Rückfragen zur Verfügung.

Der zentrale Gedanke dieses Führungsstils ist, dass Mitarbeitende nicht nur Aufgaben übernehmen, sondern auch entsprechende Weisungsrechte und Vertretungsbefugnisse erhalten. In der Praxis werden diese wichtigen Aspekte jedoch häufig vernachlässigt. Viele Führungskräfte übertragen Aufgaben, ohne den Mitarbeitenden die notwendige Entscheidungsfreiheit und Verantwortung zu geben. Dies führt dazu, dass

Mitarbeitende zwar mehr Aufgaben tragen, aber keine wirkliche Entscheidungsbefugnis besitzen.

Deshalb sehe ich diesen Führungsstil oft als einen „scheinbar vorgelebten Führungsstil", weil er in der Umsetzung häufig unvollständig oder inkonsequent praktiziert wird. Richtig angewendet, kann Management by Delegation jedoch die Eigenverantwortung, Motivation und Leistungsfähigkeit eines Teams erheblich steigern.

7.3 Management by Objectives (MbO)

Das Management by Objectives (MbO) ist ein zielorientierter Führungsstil, der seinen Ursprung vor allem im Vertrieb hat, aber zunehmend auch in anderen Unternehmensbereichen an Bedeutung gewinnt. Zu Beginn des Jahres werden bestimmte Umsatzziele oder andere Leistungsziele festgelegt, die bis zum Jahresende erreicht werden sollen. Wie diese Ziele von einzelnen Mitarbeitenden, Teams oder Abteilungen umgesetzt werden, bleibt weitgehend deren eigener Verantwortung überlassen.

Typisch für diesen Führungsstil ist die Vereinbarung sogenannter SMART-Ziele mit den Mitarbeitenden. SMART steht für:

- Spezifisch (klar definiert)

- Messbar (quantifizierbar)

- Akzeptiert (von allen Beteiligten mitgetragen)

- Realistisch (erreichbar)

- Terminiert (zeitlich festgelegt)

Durch die Aufteilung des Gesamtziels in smarte Einzelziele wird das übergeordnete Unternehmensziel Schritt für Schritt erreicht.

Allerdings bietet dieser Führungsstil wenig Raum für individuelle Entwicklungen der Mitarbeitenden, persönliche Weiterentwicklung oder eine flexible Anpassung an Marktveränderungen. In vielen Fällen steht für Führungskräfte primär die Zielerreichung im Vordergrund – oft auch deshalb, weil das Erreichen dieser Ziele mit Bonuszahlungen oder Gehaltsanpassungen durch das Unternehmensmanagement verbunden ist.

7.4 Management by Exception (MbE)

Das Management by Exception (MbE) ist ein Führungsstil, bei dem Mitarbeitende weitgehend eigenverantwortlich arbeiten. Sie übernehmen selbstständig Aufgaben, treffen Entscheidungen und führen diese bis zum Abschluss aus. Die Führungskraft greift nur in besonderen Ausnahmefällen ein – beispielsweise, wenn festgelegte Toleranzgrenzen überschritten werden oder Probleme auftreten, die außerhalb der üblichen Abläufe liegen.

Typischerweise wird dieser Führungsstil in Bereichen angewendet, in denen Routineaufgaben dominieren und Mitarbeitende bestimmte Prozesse selbstständig steuern können. Ein Beispiel dafür sind Mitarbeitende in einem Callcenter, die Anrufe eigenständig entgegennehmen, bearbeiten und abschließen.

Der Vorteil dieses Führungsstils liegt darin, dass die Führungskraft entlastet wird und sich auf strategische

Entscheidungen konzentrieren kann. Mitarbeitende profitieren von mehr Freiräumen und können ihre Arbeitsabläufe effizient gestalten. Allerdings setzt dieser Führungsstil ein hohes Maß an Vertrauen, Selbstdisziplin und Kompetenz der Mitarbeitenden voraus.

Fehlt es an klaren Richtlinien oder der Bereitschaft der Führungskraft, bei Bedarf einzugreifen, kann dies zu Unsicherheiten führen. Richtig umgesetzt, fördert Management by Exception jedoch Eigenverantwortung und Effizienz im Team.

7.5 Der bürokratische Führungsstil

Der Name ist Programm: Beim bürokratischen Führungsstil wird strikt nach festgelegten Richtlinien, Vorschriften und Regeln gearbeitet. Diese Vorgaben prägen die Arbeitsabläufe und sind tief in den Hierarchien des Unternehmens verankert.

Die Führungskraft übernimmt in diesem Modell hauptsächlich die Aufgabe, die Einhaltung dieser Regeln zu überwachen. Ihre Rolle ist oft nur zeitlich begrenzt, da Führungspositionen innerhalb solcher Strukturen regelmäßig wechseln oder neu besetzt werden.

Der Vorteil dieses Führungsstils liegt in der Klarheit der Abläufe: Jeder Mitarbeiter weiß genau, was von ihm erwartet wird, was zu tun ist und welche Regeln gelten. Dadurch entsteht eine gewisse Stabilität und Planbarkeit im Arbeitsalltag.

Der große Nachteil besteht jedoch darin, dass

Unternehmen mit diesem Führungsstil oft unflexibel agieren. Veränderungen und Innovationen lassen sich schwer umsetzen, da der Fokus auf der strikten Einhaltung bestehender Prozesse liegt. Mitarbeitende neigen dazu, nur noch Dienst nach Vorschrift zu leisten, was die Motivation und Kreativität einschränkt.

Ein typisches Beispiel für diesen Führungsstil sind öffentliche Verwaltungen, wie etwa das Finanzamt oder andere Ämter, bei denen starre Prozesse und komplexe Vorschriften den Arbeitsalltag bestimmen.

7.6 Der demokratische/kooperative Führungsstil

Der demokratische oder kooperative Führungsstil zeichnet sich durch eine enge Zusammenarbeit zwischen der Führungskraft und den Mitarbeitenden aus. Mitarbeitende werden aktiv in Entscheidungsprozesse eingebunden und erhalten mit der Übertragung von Aufgaben auch die dazugehörige Verantwortung.

Dieser Führungsstil fördert die Selbstständigkeit der Mitarbeitenden und ermöglicht es ihnen, neue Aufgaben schneller zu übernehmen. Durch die Mitgestaltung an Entscheidungen steigt die Motivation, und das Team entwickelt ein stärkeres Verantwortungsbewusstsein.

Ein Nachteil dieses Führungsstils ist jedoch, dass Entscheidungen mehr Zeit in Anspruch nehmen können, da unterschiedliche Meinungen und Vorschläge berücksichtigt werden müssen. Zudem besteht das Risiko, dass wirtschaftliche Erfolge nicht in Form von Bonuszahlungen oder anderen Anerkennungen an die Mitarbeitenden weitergegeben werden. Dies kann dazu führen, dass Mitarbeitende im Laufe der Zeit weniger Initiative zeigen, keine neuen Aufgaben mehr übernehmen und sich auf ihre Standardtätigkeiten beschränken.

Richtig umgesetzt, bietet der demokratische Führungsstil jedoch enormes Potenzial: Er steigert die Mitarbeiterzufriedenheit, fördert Innovation und stärkt die Identifikation mit dem Unternehmen.

7.7 Der Laissez-faire-Führungsstil

Der Laissez-faire-Führungsstil ist der lockerste und freizügigste aller Führungsstile. Die Führungskraft greift hierbei kaum in die Aufgaben oder Tätigkeiten der Mitarbeitenden ein. Entscheidungen werden weitgehend den Mitarbeitenden überlassen, und es gibt nur minimale Kontrolle oder Anleitung durch die Führungskraft.

Der Vorteil dieses Führungsstils liegt in der hohen Handlungsfreiheit und Eigenverantwortung der Mitarbeitenden. Kreative und selbstorganisierte Teams können davon profitieren, da sie ihre Arbeitsweise flexibel gestalten können.

Der größte Nachteil besteht jedoch darin, dass die Führungskraft möglicherweise nicht weiß, woran die Mitarbeitenden arbeiten, welchen Fortschritt sie machen oder ob sie Unterstützung benötigen. Ohne regelmäßigen Austausch kann es leicht zu Ineffizienz, Fehlentwicklungen oder einer Überforderung einzelner Teammitglieder kommen.

Dieser Führungsstil ist daher nur sinnvoll, wenn die Mitarbeitenden über ein hohes Maß an Selbstständigkeit, Kompetenz und Verantwortungsbewusstsein verfügen. Zudem muss zwischen Führungskraft und Team ein starkes Vertrauen bestehen, damit die Zusammenarbeit reibungslos funktioniert.

7.8 Der situative Führungsstil

Der situative Führungsstil gilt als einer der modernsten und flexibelsten Führungsansätze. Dabei passt die Führungskraft ihren Führungsstil gezielt an die jeweilige Situation und an die individuellen Bedürfnisse sowie Kompetenzen der Mitarbeitenden an.

Dieser Führungsstil vereint Elemente aus verschiedenen Führungsmodellen – von der direkten Kontrolle bis hin zur vollständigen Delegation von Aufgaben. Abhängig von der Erfahrung und Motivation der Mitarbeitenden sowie den äußeren Umständen entscheidet die Führungskraft, welcher Stil am effektivsten ist.

Vorteile:

- Hohe Flexibilität bei der Mitarbeiterführung

- Individuelle Förderung und gezielte Unterstützung der Mitarbeiter

- Bessere Anpassung an wechselnde Anforderungen und komplexe Situationen

Nachteile:

- Erfordert ein hohes Maß an Feingefühl, um Mitarbeiter und Situationen richtig einzuschätzen

- Kann zu Unsicherheiten im Team führen, wenn die Führungskraft den Stil zu häufig wechselt

Der situative Führungsstil funktioniert besonders gut in dynamischen Umfeldern, in denen unterschiedliche Aufgaben und wechselnde Herausforderungen schnelle Anpassungen erfordern. Allerdings setzt dieser Stil voraus, dass die Führungskraft ihre Mitarbeitenden gut kennt und in der Lage ist, situativ angemessen zu reagieren.

7.9 Welcher Stil ist der beste?

Die Frage nach dem besten Führungsstil lässt sich nicht pauschal beantworten. Jeder der vorgestellten Führungsstile hat seine eigenen Stärken und Schwächen und eignet sich je nach Situation, Mitarbeitenden und Unternehmensumfeld unterschiedlich gut.

Aus diesem Grund gibt es keinen allgemein besten Führungsstil. Der optimale Führungsstil ist anpassungsfähig und berücksichtigt die spezifischen Anforderungen der jeweiligen Situation, die Fähigkeiten der Mitarbeitenden und die Ziele des Unternehmens. Eine gute Führungskraft zeichnet sich dadurch aus, dass sie flexibel agiert und in der Lage ist, den passenden Führungsstil situativ auszuwählen und anzuwenden.

„Einer guten Führungskraft geht es nicht darum, dass die Menschen ihr vertrauen. Sie schafft es, dass die Menschen sich selbst vertrauen."

– Unbekannt

8 Wie funktioniert gute Führung?

Gute Führung geht weit über das Auswendiglernen von Regeln, Vorschriften oder den klassischen Dos and Don'ts hinaus. Sie basiert auf persönlichen Erfahrungen, Menschlichkeit und einer ausgeprägten Empathie. Wer glaubt, dass diese Eigenschaften für eine erfolgreiche Führung nicht entscheidend sind, sollte Folgendes bedenken:

„Nur weil man theoretisch Wissen aufweist, besitzt man nicht automatisch die Gabe, es korrekt anzuwenden.“

– Ronny Kühn

Wenn Sie im Leben ein Außenseiter waren, der sich nach oben gekämpft hat, dann könnten Sie die Eigenschaften einer guten Führungskraft mit sich bringen. Es ist essenziell, die Potenziale von Mitarbeitern zu erkennen und zu fördern sowie für das zu erreichende Ziel optimal einzusetzen. Kurzum: Die sogenannte emotionale Intelligenz (die Fähigkeit, Gefühle zu identifizieren), eine Schlüsselkomponente für erfolgreiche Führungskräfte, sollte stark genug ausgeprägt sein.

Wenn Sie allerdings der Meinung sind: *„Moment mal, was redet der da? Es gibt doch beim Militär, bei der Feuerwehr und sonst wo lauter Ausbildungen, um die einem anvertraute Mannschaft effizient zu führen, um beste Ergebnisse zu erreichen. Wie kann er behaupten, dass Führung nicht erlernbar ist?"*

Ich gebe Ihnen uneingeschränkt recht. Doch verwechseln Sie bitte nicht „Unternehmensführung" bzw. „Mitarbeiterführung" mit „effizienter Führung". Letztere ist notwendig in Bereichen, in denen klare Strukturen, Prozesse und feste Abläufe existieren – etwa im Militär oder im Krankenhaus. Hier geht es darum, schnell und effizient zu handeln, um Risiken zu minimieren und Menschen zu schützen. Kreativität oder Flexibilität haben in diesen Situationen oft keinen Platz.

Stellen Sie sich vor, dass Sie als Arzt vor jeder Operation zuerst mit dem Anästhesisten über eine korrekte Einstellung der Vollnarkose diskutieren müssen, damit Ihr Patient angenehmere Träume hat. **Undenkbar!** In solchen Momenten ist eine klare, effiziente Führung unverzichtbar, um Leben zu retten und Risiken zu vermeiden.

Doch diese Form der Führung unterscheidet sich deutlich von der Führung in Unternehmen, in denen es darum geht, Innovation, Kreativität und Eigenverantwortung zu fördern. Gute Führung in der Wirtschaft verlangt mehr als nur Effizienz – sie erfordert die Fähigkeit, Menschen zu begeistern, sie zu unterstützen und ihnen Raum zur Entfaltung zu geben.

Effiziente Führung ist in standardisierten Prozessen sinnvoll und notwendig. Inspirierende Führung hingegen ist gefragt, wenn es darum geht, Teams zu motivieren, kreative Lösungen zu entwickeln und langfristigen Unternehmenserfolg zu sichern.

Die wahre Herausforderung für Führungskräfte besteht darin, zu erkennen, wann welche Art von Führung erforderlich ist – und diese flexibel und situationsgerecht einzusetzen.

8.1 Regel #1: Vertrauen Sie Ihrer Mannschaft

Den mitunter größten Fehler, den eine Führungskraft machen kann, ist, ihrer Mannschaft zu wenig zuzutrauen oder nicht zu vertrauen. Wenn Sie als Führungskraft den Eindruck haben, dass Sie immer über alles Bescheid wissen sollten oder kontrollieren müssen, dann haben Sie ein Problem. Sehr wahrscheinlich nicht „nur" mit Ihrer Mannschaft, sondern vor allem mit sich selbst.

Mangelndes Vertrauen in andere Personen hat Gründe. Dabei sollten Sie sich ernsthaft fragen, warum Sie nur schwer oder nicht vertrauen können.

Schauen Sie primär auf sich selbst und nicht auf Ihre Umgebung? Wurden Sie z. B. von den Eltern oder guten Freunden in der Kindheit „verraten" oder misstrauen Sie sich selbst? Wollten Sie eine Erwartungshaltung von einer Person erfüllen, zu der Sie aufschauten, scheiterten dabei jedoch? Leiden Sie unter Verlustängsten? Blicken Sie optimistisch in die Zukunft?

Ich habe dazu einen Spruch gehört, dessen Urheber ich leider nicht kenne:

> *„Wenn Sie sich selbst nicht vertrauen,*
> *wer sollte dann Ihnen vertrauen?"*

Das bringt es auf den Punkt.

Gesundes Misstrauen ist zwar angebracht und in gewissen Situationen durchaus hilfreich, doch es sollte nicht der Leitspruch eines jeden Tages sein. Denn wer anderen misstraut, wird darin auch bestätigt. Aus dem einfachen Grund, da Sie Misstrauen ausstrahlen. Warum sollte Ihnen also Ihr Gegenüber in irgendeiner Art und Weise Vertrauen entgegenbringen?

Ich empfehle Ihnen deshalb, wenn Sie misstrauisch gegenüber anderen und sich selbst sind, einen gewissen Vertrauensvorschuss zu gewähren. Vor allem sich selbst gegenüber. Vertrauen Sie darauf, dass Sie aus gutem Grund auf dieser Welt sind und eine bestimmte Aufgabe zu erfüllen haben. Jene Personen, die Ihnen begegnen, haben auch eine Aufgabe, und wenn diese vielleicht nur darin besteht, Sie für besondere Situationen vorzubereiten.

8.2 Regel #2: Führen durch Vorbild

Einige Führungskräfte, die ich im Laufe meiner Berufszeit kennenlernen durfte, hatten eine interessante Abweichung in Bezug auf Ihr Selbst- und Fremdbild.

Beides sollte einigermaßen identisch sein, damit eigene Stärken und Schwächen bekannt sind und je nach Situation gezielt eingesetzt werden können. Vor allem, weil dann eine gewisse Authentizität ausgestrahlt wird.

Wie bei einem Unternehmen oder einer Produktanalyse ist es sinnvoll, sich mit den eigenen Stärken und Schwächen in einer SWOT-Analyse auseinanderzusetzen und daran fortlaufend zu arbeiten. Wie diese SWOT-Analyse als Führungskraft durchzuführen ist, erkläre ich Ihnen in einem eigenen Kapitel.

Der Punkt betrifft jedoch nicht nur Ihre eigenen Stärken und Schwächen, sondern grundsätzlich das tägliche Verhalten gegenüber Mitarbeitern und Kollegen: etwas einzufordern, das selbst nicht gelebt wird (im Kapitel „Regel #9: Kleine Regeln, große Wirkung" finden Sie dazu weitere Beispiele). Im Zeitalter der E-Mails hat es sich beispielsweise eingebürgert, dass diese versendet werden, obwohl der Gesprächspartner im selben Raum oder Stockwerk sitzt – und anwesend ist.

Dabei habe ich erlebt, dass ein Mitarbeiter eine E-Mail mit unterschiedlichsten Verständnisfragen an seine Führungskraft übermittelt hat. Wissen Sie, was die Antwort der Führungskraft war? Sie kam per E-Mail zurück und lautete sinngemäß, dass der Mitarbeiter ja auch einfach mit der Führungskraft sprechen könne. Erkennen Sie die Ironie dahinter?

Wenn die Führungskraft wünscht, dass der Mitarbeiter „redet", anstatt via E-Mail zu kommunizieren, dann MUSS sie das entsprechend vorleben. Eine Lösung wäre z. B. gewesen, dem Mitarbeiter einen Termin für einen Austausch anzubieten.

Natürlich darf der Vorteil von E-Mails nicht vergessen werden, da man Schriftliches schwarz auf weiß hat und bei späteren Diskussionen einen „Beweis" hervorzaubern kann. Diese Taktik kenne ich gut und kann sie nachvollziehen. Deshalb ist hier ein Kompromiss anzustreben: 1.) persönlich besprechen und 2.) schriftlich eine Zusammenfassung, z. B. via E-Mail, zu schreiben. Somit beugen Sie auch Missverständnissen vor.

Das ist nur ein Beispiel, wo sich eine Führungskraft selbst den Spiegel vorhalten sollte, um ein Umdenken bei Mitarbeitern auszulösen. Sie können und werden die Meinung oder ein Verhalten von Menschen nicht durch E-Mails, Plakate, interaktive Trainings oder Prüfungen ändern. Sie können deren Meinung nicht ändern. Sie können lediglich ein Umdenken initiieren, das früher oder später zu dem Ergebnis führt, das Sie ungefähr haben wollten.

Ein anderes Beispiel: Wenn Sie als Führungskraft das Ziel

erreichen möchten, dass Ihre Mitarbeiter freundlich(er) und hilfsbereit(er) am Telefon oder persönlich gegenüber dem Kunden sind, dann nehmen Sie sich die Zeit und besuchen Sie die betroffenen Mitarbeiter vor Ort. Setzen Sie sich mit ihrem Arbeitsplatz, Tätigkeitsumfeld und ihren alltäglichen Situationen direkt auseinander. Lassen Sie dabei Ihr Handy oder Ihren Laptop in Ihrem Büro, denn nichts ist fragwürdiger als ein scheinheiliges Auftreten einer Führungskraft.

Wenn Ihnen Ihre Mitarbeiter und deren Verantwortung (!) wichtig sind, dann müssen Sie das auch zeigen. Nur so fühlt sich der Mensch wertgeschätzt und ernst genommen und nur so kann ein Umdenken stattfinden.

8.3 Regel #3: Verantwortung ist das Zauberwort

Es gibt drei Bereiche, für die eine Führungskraft verantwortlich ist: das Unternehmen selbst, damit Ziele erreicht und Werte gelebt werden können. Für sich selbst, indem Sie sich im Klaren sind, was Ihre Aufgabe ist und welches Auftreten Sie innerhalb des Unternehmens haben. Das Stichwort Selbstreflexion sei in diesem Zusammenhang genannt. Zu guter Letzt der dritte Bereich, Ihre Mitarbeiter. Die womöglich größte Verantwortung, die Sie übernehmen, indem Sie sich innerhalb der gesetzlichen Parameter bewegen und mit unterschiedlichsten Charakteren und Persönlichkeiten zu tun haben.

Dabei ist es notwendig, dass Mitarbeiter entwickelt, vor Überlastung geschützt und mit der Unternehmens- philosophie in Einklang gebracht werden. Wenn gewisse Parameter aus dem Ruder laufen, dann gilt es, die Ursache zu identifizieren und Korrekturen vorzunehmen.

Sie sehen, die Verantwortung ist groß, weshalb ich dazu rate, diese Verantwortung teilweise zu übertragen und anderen bewusst zu machen.

Wenn Sie beispielsweise mit einem anderen Team oder Mitarbeiter gewisse Herausforderungen haben, weil Aufgaben nicht korrekt, unvollständig oder nicht übernommen werden, dann stellen Sie die Verantwortungsfrage. Wer ist für diese Tätigkeit im Unternehmen verantwortlich? Wenn es das erwähnte Team oder der Mitarbeiter ist, was ist hinderlich, diese Aufgabe vollumfänglich zu erledigen? Wenn das Team oder der Mitarbeiter nicht verantwortlich ist, warum ist diese Aufgabe dort angesiedelt? Müssen Zuständigkeiten und Prozesse überarbeitet werden?

Solange die Verantwortung nicht jedem Mitarbeiter, jedem Team und jeder Abteilung bewusst ist, werden Sie mit Diskussionen über die Zuständigkeit, falsch ausgeführte Aufgaben, unklare Prozesse und Qualitätsprobleme konfrontiert sein.

Werden Sie sich als Führungskraft bewusst, was Ihre Verantwortung im Unternehmen ist, und machen Sie klare Abgrenzungen. Spielen Sie nicht Feuerwehrmann, wenn andere Teams an dieser Frage scheitern, indem sie „temporär" Aufgaben oder Tätigkeiten übernehmen. Das haben Sie und Ihr Team nicht verdient. Wenn andere Führungskräfte an der Vertrauensfrage scheitern, so muss entweder ein Umdenken stattfinden oder es müssen personelle Konsequenzen gezogen werden. Nur so kann ein Unternehmen fit für die Zukunft gemacht und dem Team der Rücken gestärkt werden.

Übrigens: Wenn Sie statt der Verantwortungsfrage die Frage nach dem Schuldigen stellen, dann werden Sie damit kein Problem in Ihrem Unternehmen oder Team lösen. Die Frage nach dem Schuldigen ist nie die Richtige, schon gar nicht, wenn diese Frage von einer Führungskraft gestellt wird. Die Führungskraft ist die Person, die auch die

Verantwortung des Mitarbeiters trägt und bei Schwierigkeiten und Fehlern zuerst den eigenen Führungsstil in Ruhe überdenken sollte.

8.4 Regel #4: Tappen Sie nicht in die Motivationsfalle

Es stimmt, mit Geld sind Mitarbeiter langfristig nicht glücklich zu machen. Doch es diskutiert sich gut über Hunger in der Welt, wenn diese Unterhaltung im Wirtshaus bei Schnitzel und Bier geführt wird, oder?

Geld ist in unserer Zeit ein Mittel, das es erlaubt, sich Dinge aufzubauen und unter Umständen auf etwas zu sparen, um sich selbst zu belohnen. Sei es ein Eigenheim, ein Auto, ein Fernseher oder der Traumurlaub.

Vergessen Sie also den Satz, dass Geld Mitarbeiter nicht glücklich machen kann, sondern schenken Sie ihnen Beachtung, wenn die Leistung mehr als zufriedenstellend ist, oder Weihnachten vor der Tür steht. Bonuszahlungen sind nichts Verpflichtendes und können die Motivation erhöhen – doch es sollte mit keiner Erwartungshaltung an den jeweiligen Mitarbeiter oder das Team verknüpft sein.

Motivation und Demotivation haben eine andere Quelle und hängen meist damit zusammen, wie sehr sich ein Mitarbeiter mit seinen Aufgaben, dem Wirkungsbereich und der Glaubwürdigkeit bzw. dem Auftreten des Unternehmens identifizieren kann.

Ein Beispiel: Wenn Sie als Unternehmen Ihren Kunden Autos als die neuesten und umweltfreundlichsten suggerieren und verkaufen wollen, die Mitarbeiter jedoch wissen, dass dies nur ein gut angelegter Marketinggag ist, dann können Sie nicht erwarten, dass das Vertrauen in firmeneigene Entscheidungen oder angebotene Mitarbeiterprogramme hoch ist.

Ein anderes Beispiel: Möchten Sie Ihre Mitarbeiter dazu animieren, gewisse Projekte oder „Visionen" zur Umsatzsteigerung zu fördern und zu verfolgen, dann könnte im Umkehrschluss die Demotivation hoch sein, wenn Mitarbeiter seit Jahren davon berichten, dass interne Systeme nicht mehr dem aktuellen Stand entsprechen und

Prozesse kompliziert und langwierig sind.

Tappen Sie deshalb nicht in die Motivationsfalle, wenn Sie herausgefunden haben, dass Mitarbeiter demotiviert sind. Vergeuden Sie kein Geld und keine Zeit in Team-Events, wenn das Problem in Wahrheit woanders liegt. Kümmern Sie sich primär um deren grundlegende Bedürfnisse, indem Sie die Mitarbeiter ernst nehmen, wertschätzen, ihnen zuhören und dann konkrete Lösungen erarbeiten.

PS: Seien Sie nicht naiv, indem Sie Lösungen von Ihren Mitarbeitern erarbeiten lassen. Das wäre der Gipfel an Naivität, um eine demotivierte Gruppe wieder auf Kurs zu bringen.

8.5 Regel #5: Investieren Sie in Menschen

Menschen kosten Geld. Das ist die Meinung von manchem Unternehmer. Billigere Arbeitskräfte, weniger Pausen, mehr Leistung für noch weniger Gehalt.

Ist dem so?

Ich bin der Meinung, dass solche Unternehmer ihre Ansicht verändern sollten. Menschen kosten kein Geld, sie bringen Umsatz. Als Kunden von morgen oder übermorgen.

Es ist ein Kreislauf, der in Schwung bleiben sollte, denn sonst werden Sie ein Unternehmen besitzen, das irgendwann kein Geld verdient, weil es keine Menschen gibt, die es bei Ihnen ausgeben können.

Wenn Sie in Menschen investieren, dann investieren Sie in diesen Kreislauf und gleichzeitig in Ihr Unternehmen bzw. als Führungskraft in Ihre Abteilung bzw. Ihr Team.

Die Coronakrise hat deutlich gemacht, was passiert, wenn Unternehmen die Produktion und ihr Know-how in Länder auslagern, die mit Billigarbeitskräften umworben werden. SImple Schutzmasken konnten teilweise nicht geliefert werden und die Qualität war fraglich. „Kampf dem Preis", hieß es jahrelang in der Werbung eines Discounters. Doch in Wahrheit war es kein Kampf gegen den Preis, sondern gegen einen Standard, der mühsam aufgebaut, als selbstverständlich betrachtet und demontiert wurde. Irgendwann werden wir diesen Standard schmerzlich vermissen, jedoch kaum zurückbekommen.

Von Fachkräften über Bildungsstandards bis hin zu Lebensmitteln, Konsumgütern oder Medizinprodukten: Der Preis stellt sicher, dass ein notwendiger Standard gehalten und gesichert werden kann. Je billiger der Kunde heute einkauft, desto eher erfolgt der Weg in eine Abwärtsspirale.

Wenn Firmen anfangen, in Mitarbeiter zu investieren, so

wirken sie diesem Trend entgegen. Interne Bildungs- und Entwicklungsmaßnahmen sollten der neue Standard eines jeden Unternehmens im 21. Jahrhundert sein. Entsprechende leistungsbezogene Bezahlung mit Möglichkeiten, selbst in das Unternehmen zu investieren. Die Motivation steigt und fällt, wie erwähnt, mit der Identifikation gegenüber dem eigenen Unternehmen. Nicht nur bei Führungskräften, sondern auch bei Mitarbeitern.

Durch motivierte Mitarbeiter, die Sie nicht durch fragwürdige Motivationsprogramme dazu nötigen müssen, erhalten Sie Produktivität, Qualität, Kreativität und vor allem Loyalität. Mit entsprechenden Zusatzfeatures – die nur ausgegeben werden sollten, wenn Sie es ehrlich meinen – kann das Level hochgehalten und der Output sogar erhöht werden.

Doch übertreiben Sie es nicht und schrauben Sie Ihre eigenen Erwartungen durch diese Zusatzmotivationen zurück. Sie haben es mit Menschen zu tun und nicht mit Robotern. Wenn Sie beispielsweise gratis Kaffee in Ihrem Unternehmen ausgeben, dann sollten Sie nicht die Vorstellung haben, dass die Mitarbeiter sich bei jedem Kaffee bei Ihnen persönlich dafür bedanken.

Doch ja … auch diese Erwartungshaltung habe ich von einer Führungskraft genau so vernommen.

Falls Sie in der glücklichen Lage sind und bereits tatkräftig in Ihre Mitarbeiter investieren, jedoch neue Ideen suchen, dann habe ich folgende Punkte bzw. Überlegungen für Sie. Bitte beachten Sie, dass keiner dieser Punkte genau in Ihr Team oder Unternehmen passen muss. Es kommt immer auf die Menschen an, die mit Ihnen zusammenarbeiten.

- ✔ Gratis Kaffee und Tee und/oder Erfrischungsgetränke
- ✔ Frisches Obst und/oder Backwaren, wie z. B. Kuchen
- ✔ Entspannungsecke mit Couch und Büchern

- ✔ Tischfußball- oder Poolbillardtisch oder Retro-Spielemaschinen

- ✔ Persönliche Arbeitsplätze, die selbst gestaltet werden können

- ✔ Kostenlose Parkplätze oder Fahrscheine für öffentliche Verkehrsmittel

- ✔ Ermäßigte Karten für diverse Events

- ✔ Übernahme von Weiterbildungsmaßnahmen

- ✔ Ermäßigte Produkte der eigenen Firma

- ✔ Ermäßigte Wellnessangebote, wie z. B. Massagen

- ✔ Kinderbetreuungsangebote

- ✔ usw.

Doch nochmals der Hinweis: Koppeln Sie keinen dieser Punkte an die Erwartungshaltung, dass dadurch mehr Leistung Ihrer Mitarbeiter generiert wird. Es sollte als eine

Wertschätzung gegenüber der Belegschaft angesehen werden. Nicht mehr, aber auch nicht weniger.

8.6 Regel #6: Seien Sie offen für Neues

Wenn Sie als Führungskraft Herausforderungen und Standpunkte mit Ihrem Team offen teilen bzw. kommunizieren, zeigen Sie keine Schwäche, sondern Führungsqualitäten. Sie eröffnen Ihren Mitarbeitern dadurch die Möglichkeit, sich konstruktiv an Diskussionen und Problemlösungen zu beteiligen bzw. sich in Ihre Lage zu versetzen.

Dies verhindert im Vorfeld Intrigen und Machtspielchen, die schon manche Teams vergiftet haben. Um Ziele als Unternehmen bzw. Team zu erreichen, muss mit offenen Karten gespielt werden, da früher oder später alle davon betroffen sind.

Stehen Umsatzeinbußen vor der Tür, so tüftelt das Management gerne tagelang an Lösungen, die meist für die Mitarbeiter utopisch sind oder als lächerlich betrachtet werden. Warum? Weil sich von den betroffenen

Mitarbeitern niemand mit den Problemen im Vorfeld auseinandersetzen konnte und aktiv mit dem geballten Know-how oder oft sogar mit einfachen und fertigen Lösungen etwas dazu beitragen konnte.

Versuchen Sie doch, das nächste Mal ein Problem oder eine Herausforderung mit Ihren Mitarbeitern direkt zu besprechen. Gestatten Sie eine ehrliche und konstruktive Diskussion und erlauben Sie vor allem Fehler. Nur durch Fehler und Irrtümer lernt jeder von uns dazu. Auch Sie.

8.7 Regel #7: Zeit ist ein wichtiger Faktor

Unsere Welt dreht sich immer schneller. Im Grunde genommen hat die Covid-19-Pandemie gezeigt, dass es in gewissen Bereichen auch langsamer funktioniert. Wenn Sie als Führungskraft vor Herausforderungen stehen und Sie nicht wissen, ob Sie links oder rechts abbiegen sollen, dann nehmen Sie sich eine Auszeit.

Atmen Sie durch und besinnen Sie sich auf den Moment. Sie werden feststellen, dass Sie nicht jedes Problem selbst lösen müssen, sondern eher den Überblick wahren und Aufgaben bzw. Prioritäten setzen müssen. Mitarbeiter benötigen vor allem in solchen Situationen eine Führungskraft, die weiß, was sie tut – in Krisensituationen ist es jedoch meist so, dass nur wenige wissen, was sie tun.

Überdenken Sie Aufgaben und Abläufe, holen Sie die Meinungen Ihrer Mitarbeiter ein und lassen Sie Kundenfeedback zu. Es gibt zwei Quellen, die Ihr

Unternehmen in die Zukunft manövrieren: Kunden und Mitarbeiter – keine Banken, kein Marketing, keine Excel- oder PowerPoint-Datei. Ohne Kunden und ohne Mitarbeiter ist Ihr Unternehmen dem Untergang geweiht.

Wenn Sie ein Ablauf, eine Aufgabe oder ein Produkt stört oder viel Energie und Zeit abverlangt, dann besinnen Sie sich und holen Sie sich andere Perspektiven und Meinungen ins Boot. Sie werden erstaunt sein, mit welchen Lösungsansätzen Sie in so einem Zeitraum konfrontiert werden.

8.8 Regel #8: Lernen von den Besten

Sie müssen als Führungskraft nicht das Rad jeden Tag neu erfinden. Wenn Sie sich und Ihren Geist erweitern wollen, dann orientieren Sie sich an Personen, die das im Leben bereits bewiesen und vorgelebt haben.

Orientieren wohlgemerkt, nicht kopieren. Ihren Stil und Ihre Führungsweise müssen Sie selbst finden – es kann bzw. wird nicht durch Copy und Paste zum Erfolg führen.

Folgende Personen möchte ich Ihnen ans Herz legen:

- Albert Einstein (1879–1955)

- Winston Churchill (1874–1965)

- Walt Disney (1901–1966)

- Nelson Mandela (1918–2013)

- Freddie Mercury (1946–1991)

- Queen Elisabeth (1926–2022)

Natürlich gibt es noch zahlreiche andere Persönlichkeiten, die die Geschichte geprägt haben bzw. nach wie vor prägen.

Doch in dieser Liste sind Menschen genannt, die auf ihre eigene Art und Weise etwas Großartiges erreicht haben. Den meisten dieser Personen wurde so ein Lebenswerk weder zugetraut noch vorhergesagt. Also erinnern Sie sich daran, wenn Sie vor großen Entscheidungen stehen oder es scheinbar keinen Ausweg aus komplexen Situationen gibt.

Mein Rat: Wenn Sie weitere Personen als Inspiration suchen und finden möchten, dann blicken Sie hinter die Kulisse, die Ihnen auf den ersten Blick vermittelt wird.

Nicht jeder große Held in der Geschichte der Menschheit war wirklich einer, sondern womöglich ein Dieb, Ausbeuter oder Unterdrücker. Doch letztendlich gilt es, den Schein zu wahren, da ansonsten die Geschichtsbücher neu geschrieben werden müssten und der Glaube der Menschheit an diese Personen infrage gestellt werden müsste.

8.9 Regel #9: Kleine Regeln, große Wirkung

Egal, welche Regel, Verbesserung oder Idee Sie einführen, dass Wichtigste ist, dass Sie es vorleben und dies jederzeit (!) sichtbar ist (Ich weiß, ich wiederhole mich in dieser Angelegenheit, doch es ist fundamental!). Dabei können Sie auf Altbewährtes zurückgreifen, wie z. B.:

- Sich gegenseitig begrüßen und verabschieden.

- Sich nach dem Wohlbefinden erkundigen.

- Regelmäßige und pünktlich beginnende Besprechungen abhalten.

- Besprechungsprotokolle führen (!)

- Klare Aufgaben- und Verantwortungsverteilung (!)

- Personen ausreden lassen und andere Meinungen zulassen.

- Den Job grundsätzlich ernst nehmen (!).

Mancher Punkt wird bei Ihnen ein Stirnrunzeln verursachen, doch glauben Sie mir, wenn ich Ihnen sage, dass jeder seine Berechtigung hat.

Von Meetings, in denen Teilnehmer unentschuldigt mehrere Minuten zu spät kommen, über Besprechungen, die sich wöchentlich inhaltlich wiederholen, weil es kein Protokoll gibt, bis hin zu Führungskräften, die nur wegen ihrer Position auf ihrem Sessel sitzen, habe ich schon einiges erlebt.

Der spannende Punkt war und ist für mich jedoch, dass manche Führungskraft vehement ein Verhalten von anderen Personen einfordert, obwohl es bei ihnen selbst nicht vorhanden ist.

Deshalb müssen Sie sich bewusst sein, dass Sie nichts von Ihren Mitarbeitern einfordern können, nur weil Sie es sagen, wenn Sie das Gegenteil vorleben. Sie untergraben damit Ihre eigene Glaubwürdigkeit und Autorität. Wenn Sie das nicht glauben, dann stellen Sie sich die Frage, ob Sie Ihrer Führungskraft, Ihrem Arzt oder Ihrem Fitnesstrainer etwas glauben würden, wenn das Gesagte und Gepredigte vom Gezeigten und Vorgelebten abweicht.

Einem Arzt, der selbst starker Raucher ist, werden Sie kaum Glauben schenken, wenn er Ihnen rät, mit dem Rauchen aufzuhören, weil es gesundheitsschädlich ist. Ein Fitnesstrainer, der an Übergewicht leidet, wird kaum in der Lage sein, andere Menschen zum Sport zu motivieren. Und so weiter und so fort.

Je größer die Abweichung von Ratschlägen, Anweisungen und Moralpredigten zum eigenen Tun und Handeln ist, desto unglaubwürdiger steht eine Person da. Egal, welche Position sie innehat. Die wenigsten Menschen sind sich darüber wirklich bewusst.

Deshalb werden z. B. in Diskussionsrunden mit Politikern

bei direkten Fragen keine Antworten gegeben, sondern allgemeine Informationen, die bestenfalls etwas mit der Frage zu tun haben. Die inhaltliche Antwort werden Sie jedoch nie erhalten, da das eigentliche Tun und Handeln vom Reden zu stark abweichen. Sei es durch fehlendes Wissen, zu wenig Empathie, um sich in die Situation zu versetzen, falsche Verantwortung, mangelnde Lösungskompetenz oder Desinteresse. Die handelnde Person würde wahrscheinlich dieses Verhalten gegenüber sich selbst nicht dulden. Doch das ist eine andere Sichtweise und wurde bereits erwähnt.

8.10 Regel #10: Leben Sie Ihr Leben

Familie ist Familie. Firma ist Firma. Vor allem neue und frischgebackene Führungskräfte scheinen diese Regel zu vergessen oder zu verdrängen.

Wenn Sie nicht Eigentümer der Firma sind, dann sollten Sie dort nicht Ihre wertvolle Freizeit verbringen. Bringen Sie Ihre Tätigkeit innerhalb einer normalen Arbeitswoche nicht unter einen Hut, dann ändern Sie etwas. Sei es die Priorität Ihrer Aufgaben, die Aufgaben selbst oder Ihre Einstellung. Bereits Albert Einstein hat folgendes Zitat verfasst:

„Genieße deine Zeit, denn du lebst nur jetzt und heute. Morgen kannst du Gestern nicht mehr nachholen. Und später kommt früher, als du denkst."

Verinnerlichen Sie diesen Satz. Denn er beschreibt, was oft vergessen wird: Wenn Sie heute nicht auf Ihren Körper, Geist und Ausgleich zum Job achten, dann werden Sie morgen mit den Folgen zu kämpfen haben. Die Frage, die dann lautet, ist, ob der Gehaltsscheck die Medikamentenrechnung decken kann oder nicht. Nach einem Burn-out im Jahr 2015 weiß ich, wovon ich rede.

Ausgleich bedeutet nicht die 15. Zigarette oder das dritte Bier am Tag. Lesen Sie Bücher, versuchen Sie Sport zu treiben, treffen und finden Sie Freunde. Wenn Sie Kinder haben, dann verbringen Sie Zeit mit ihnen, bevor Sie für immer das Haus verlassen und nur noch selten zu Besuch kommen. Es gibt so viel Lebenswertes auf dieser Welt – wenn Sie es gefunden haben, werden Sie wissen, was ich damit meine.

Falls Sie ein schlechtes Gewissen entwickeln, weil Sie der Meinung sind, die Firma wird nicht überleben, wenn Sie nur 50 Stunden anwesend sind oder weil Arbeit manchmal liegen bleibt, dann stellen Sie sich folgende Frage: Was würde passieren, wenn Sie nicht mehr dort arbeiten würden?

Normalerweise gebe ich keine Empfehlungen ab. Weder für Filme noch für Serien oder Bücher. Jeder hat andere Präferenzen in Bezug auf Inhalt und Stil. Doch eine Dokumentation möchte ich Ihnen gerne ans Herz legen. Es ist eine Netflix-Produktion, weshalb Sie diese nur über dieses Portal ansehen können. Der Film wurde mit mehreren Preisen ausgezeichnet, wie z. B. bester Film 2020, beste Story 2020 und bester Meeresfilm 2020. Die Rede ist von „My Octopus Teacher" oder auf Deutsch „Mein Lehrer, der Krake".

Innerhalb von 1,5 Stunden wird visualisiert, was ich versuche mit dieser Regel mitzuteilen. Nehmen Sie sich die Zeit und lassen Sie sich von dieser Geschichte und diesen unglaublichen Aufnahmen aus einer anderen Welt verzaubern.

Sie werden es nicht bereuen.

„Erfolg hat mir Ruhm und Reichtum gebracht,
aber leider nicht das, was wir alle brauchen:
echtes, dauerhaftes Glück."
– *Freddie Mercury*

9 Umstrukturierungen

Ein gutes und deutliches Indiz für mangelnde Unternehmensführung sind sogenannte Umstrukturierungen. Am laufenden Band! Je häufiger ein Bereich oder Unternehmen die bestehende Struktur anpasst, desto mehr krankt es bei den direkt und indirekt betroffenen Teams sowie der jeweiligen Führung.

Vergleichen Sie es mit einer Wohnung, die Sie jeden Monat komplett umstellen und neu einrichten (müssen). Bis jedes Objekt seinen Platz und seine Bestimmung wiedergefunden hat, herrscht Chaos – und das kostet enorm viel Kraft, Nerven und Zeit. Ähnlich verhält es sich bei ständigen Umstrukturierungen: Mitarbeiter verlieren den Überblick, Arbeitsprozesse werden unterbrochen und bleiben oft lange undefiniert, und die Motivation sinkt.

Besonders auffällig ist dieses Muster im Management-Bereich. Wird dort eine Führungskraft ersetzt, übernehmen plötzlich zwei oder mehr Stellvertreter ihre Aufgaben. Die Lücke wäre sonst zu groß. Ganz anders sieht es bei den Mitarbeitenden aus: Dort werden oft zwei oder drei gekündigte oder abwesende Mitarbeitende durch nur eine Person ersetzt – mit der Erwartung, dass diese den Mehraufwand ohne zusätzliche Unterstützung bewältigt.

Diese Ungleichbehandlung zeigt deutlich, dass viele Umstrukturierungen nicht langfristig und nachhaltig geplant sind. Statt echter Verbesserungen entstehen so neue Belastungen, die den Unternehmenserfolg gefährden.

Fazit: Umstrukturierungen sollten strategisch sinnvoll eingesetzt werden und nicht als kurzfristige Lösung für tiefere Probleme dienen. Nur mit einer klaren Vision und einer durchdachten Umsetzung können sie zur positiven Entwicklung eines Unternehmens beitragen.

10 Die Suche nach Verantwortung

In diesem Kapitel werde ich etwas – ich hoffe, Sie können mir das verzeihen – abschweifen, um Ihnen bei Ihrer eigenen Ausrichtung im Privatleben, im Beruf und vor allem bei sich selbst eine Richtlinie zu geben.

Von Beginn an dreht sich alles um Verantwortung, die wir wieder selbst übernehmen müssen. Das ist nicht nur in diesem Buch ersichtlich, sondern auch in jedem Tun und Handeln sowie Nichtstun und Nichthandeln. Tag für Tag.

Allerdings ist im 21. Jahrhundert der Drang, die eigene Verantwortung wahrzunehmen und selbst in die Hand zu nehmen, stark gesunken. Stattdessen möchte es jeder möglichst bequem haben und die Verantwortung der eigenen Person oder des eigenen Wirkungsbereichs an jemanden übergeben, der es eventuell besser macht als man selbst.

Das, liebe Leser, ist allerdings ein Trugschluss.

Eine Lüge, die genauso undurchschaubar und hinterhältig ist wie der erwähnte Apfel zu Beginn des Buches. Die Auswirkungen sind genauso einschneidend wie die Verbannung aus dem Paradies, denn Sie geben nicht nur Verantwortung ab, sondern ganze Wohlfühlbereiche, Sicherheiten und Ihre Zukunft. Klingt das zu dramatisch für Sie?

Nun, ich will nichts schönreden oder verschweigen, weil Sie die Wahrheit nicht vertragen könnten. Sie vertragen die Wahrheit, wenn Ihnen die Auswirkungen klar gemacht werden.

Egal, welche Position Sie ausüben, ob als Schüler, Student, Mitarbeiter eines Unternehmens, Beamter, Politiker, Selbstständiger, Arbeitsloser oder Pensionist. Ihre eigene Verantwortung beginnt ab dem Moment, in dem Sie den ersten klaren Gedanken fassen, und endet in dem Moment, in dem Sie keinen mehr fassen können.

Sehen wir uns deshalb die Auswirkungen einer Abgabe Ihrer Verantwortung an und prüfen gemeinsam, ob ich mit meiner These richtig liege.

Eine Bewegung im Jahr 2020 lautet „Unerzogen": Eltern geben den Erziehungsauftrag ihrer Kinder ab bzw. nehmen diesen nicht mehr wahr. Es wird dabei die Meinung vertreten, dass Kinder, die nach Regeln und Vorschriften erzogen werden, einer Art Machtmissbrauch der Eltern ausgeliefert sind. Somit werden sie früher oder später zu „Objekten", die nach dem Sinn und Vorstellungen anderer Personen geformt wurden.

Es wird viel im „Sinne der Kinder" argumentiert. Zum Beispiel, dass Kinder Schmerzen ausgeliefert sind, wenn darüber diskutiert wird, ob das Gemüse aufzuessen ist, Zeit zum Zähneputzen oder Schlafen sei usw. Diesen Schmerzen sollte – laut der Bewegung – kein Kind ausgesetzt sein, sondern es sollte die notwendige Freiheit eingeräumt werden, die es benötigt, um zu einem kreativen, selbstbestimmten Individuum heranzuwachsen.

So weit, so gut.

Stellen wir uns in diesem Kontext die Verantwortungsfrage: Wer ist für das Kind verantwortlich – und wie weit erstreckt sich diese Verantwortung?

Kinder, die durch ihre Eltern keine Grenzen aufgezeigt bekommen und diese selbst durch ihr Tun und Handeln definieren, werden sie von Vorbildern erhalten, die womöglich nicht als „Vorbild" geeignet sind. Fehlt es an einem verantwortungsvollen Elternteil, der die Rolle als Vorbild übernimmt, so wird sich das Kind diese Informationen von einer anderen Person holen. Sei es aus dem Fernsehen, aus Büchern, aus Videospielen oder von Nachbarskindern oder Personen, denen es im Alltag begegnet.

Der Familientherapeut Jesper Juul bestätigt diese Theorie, indem er meint: „Kinder brauchen nichts als die Gegenwart von Erwachsenen, die sich menschlich und sozial verhalten."

Tatsache ist aber: Menschlich und sozial verhalten wir uns selbst im 21. Jahrhundert nicht. Oder? Zum Beispiel wird Müll dort entsorgt, wo er anfällt, Unternehmen beuten Mitarbeiter und/oder Kunden aus, recht zu haben und zu bekommen ist nicht dasselbe, steigende Gewalt in Familien oder Mobbing an Schulen und Arbeitsplätzen.

Wenn Sie also die Verantwortung für Ihr Kind in der Erziehungsfrage abgeben, dann müssen Sie sich dessen bewusst werden, dass es in unserer Welt nicht nur positive Vorbilder gibt.

Mein Rat: Behalten Sie diese Verantwortung und lehren Sie Ihrem Kind die wichtigen Dinge im Leben. Nicht alle sind schön und einfach zu lernen, doch noch nie war der

Erziehungsauftrag wichtiger als in dieser Zeit. Wenn Sie Zweifel daran haben, ob dies eine richtige Entscheidung ist, dann stellen Sie sich die Frage, wie Sie Ihr Kind erziehen würden, wenn z. B. der Staat ein Gesetz herausbringt, dass Eltern für die (Straf-)Taten ihrer Kinder haften, sobald diese volljährig sind – basierend auf der Verantwortung und Erziehung.

Sollten Sie die Meinung vertreten, dass Lehrer die Erziehung übernehmen und vorantreiben sollten, so darf ich folgende Frage an Sie richten: Sollte Ihr Chef mit Ihrer Frau eine Beziehung führen, wenn Sie überarbeitet sind oder Überstunden machen?

Ein weiteres Paradebeispiel, bei dem ich vielleicht einige Leser vor den Kopf stoßen werde, betrifft die Unzufriedenheit im Beruf.

Sie hören es im Radio: „Montag, der furchtbarste Tag der Woche" und „Donnerstag ist quasi fast wieder

Wochenende". Die Zustimmung und Wahrheit, dass ein Beruf bzw. die Arbeit an sich nichts mit Spaß und Freude, sondern mit Anstrengung und schlechter Laune zu tun hat, können Sie in sozialen Medien jederzeit und rund um die Uhr abrufen.

Laut einer Studie aus dem Jahr 2018 von ADP sind mehr als 33 Prozent aller Beschäftigten unzufrieden mit der unmittelbaren Führungskraft und mehr als 47 Prozent haben das Gefühl, ihr Potenzial nicht vollständig ausschöpfen zu können.

Wir können also festhalten, dass jeder Zweite unglücklich in seinem Beruf ist und sein Leben verschwendet – basierend auf der Berufswahl, die er getroffen hat, oder welchen Führungskräften er ausgesetzt ist. Allerdings liegt die Verantwortung für die Erreichung einer gewissen Zufriedenheit bei der Person selbst.

Ja, bei Ihnen selbst.

Sie liegt nicht bei Ihren Eltern, die Ihnen nicht die Kindheit ermöglichten, die Sie in Ihren Augen verdient hätten. Sie liegt nicht bei Ihren Lehrern, die Sie mit unnötigem Wissen und nervenaufreibenden Tests jahrelang gequält haben. Sie liegt auch nicht bei Ihren Lebensabschnittspartnern, die kein Verständnis für Überstunden oder Ihre Sorgen und Ängste aufbringen, weil Sie sich als Opfer fühlen. Und gewiss liegt diese Verantwortung ebenso wenig bei Ihrer Führungskraft, die Ihr Potenzial unterschätzt und Sie von Arbeitsbeginn bis -ende ausbeutet oder als Nummer behandelt.

Jede Unzufriedenheit, die Ihnen in Ihrem Leben widerfährt, ist ein Ergebnis Ihrer eigenen Trägheit und Feigheit, etwas zu ändern. Auf den Tisch zu hauen und für das einzustehen, was Ihnen wichtig ist, lautet die Devise: ernst genommen, respektiert und letztendlich glücklich zu werden.

Nehmen Sie Ihre eigene Verantwortung in Ihre eigene Hand denn nur dort, gehört sie hin. Fangen Sie heute damit an, um morgen mehr Zufriedenheit und Gesundheit sowie Wohlbefinden zu erfahren.

Sie befinden sich in einer Beziehung, die Ihnen nur noch Kraft kostet und keine Energie mehr zurückgibt? Bringen Sie es auf den Punkt. Sprechen Sie miteinander. Gehen die Vorstellungen einer Beziehung zu sehr auseinander, dann trennen Sie sich. Warum wollen Sie Ihr Leben mit einer Person verbringen, die Ihnen nur Kraft raubt? Wenn Sie allerdings der Meinung sind, dass es im Allgemeinen, bis auf wenige Ausnahmen, gut läuft, dann verständigen Sie sich dahin gehend, dass jeder seine eigenen Bedürfnisse und Sichtweisen kundtut und den notwendigen Respekt dafür bekommt. Finden Sie Kompromisse. In einer funktionierenden und wertschätzenden Beziehung gibt es genügend Freiraum. Jemandem Freiheit zu geben, kann oft viel mehr bewirken als ständige Kontrolle oder Nähe.

Sie ärgern sich über Politik und Wirtschaft? Die Verantwortung liegt besonders bei dieser Thematik bei

Ihnen selbst.

Die Bürger eines Landes haben mehr Macht und Möglichkeiten, als ihnen bewusst ist. Petitionen und Wahlen sind eine Option, seiner Stimme Ausdruck zu verleihen, Proteste eine andere. Ich rufe nicht zu Protesten auf, im Gegenteil. Proteste sind oft wie diese unnötigen Situationen an einer Kaufhauskassa, bei denen ein Kleinkind zu hören ist, das unerbittlich weint, weil es einen Lutscher oder ein Eis haben möchte. Je mehr das Kind weint und schreit, desto weniger scheint es die Eltern zu kümmern. So ist es auch mit der Politik. Wenn Sie nur herumschreien, Straßen blockieren und Aufwand verursachen, wie z. B. Polizeieinsätze und in späterer Folge die Reinigung der Straßen, wieso sollten Sie dann ernst genommen werden?

Es ist keine Eigenschaft oder Berufung, Verantwortung zu übernehmen, um Dinge durchzusetzen. Es ist vor allem eine Art und Weise, sich selbst den Spiegel vorzuhalten und sich zu fragen: „Würde ich es akzeptieren? Würde ich es dulden? Würde ich auch so handeln?"

Wenn Sie also das nächste Mal einen Parkwächter anschreien möchten, weil er Ihnen einen Strafzettel ausgehändigt hat, obwohl es in seiner Verantwortung liegt, diese Angelegenheiten zu kontrollieren und im Bedarfsfall abzustrafen, so fragen Sie sich: „Würde ich an seiner Stelle so handeln?" und „Würde ich es dulden, wenn mich jemand wegen meiner Aufgabe und Verantwortung anschreit oder beleidigt?"

Wenn Sie als Führungskraft mit Mitarbeitern konfrontiert sind, deren Loyalität im Keller ist, weil Umgangston und Arbeitsklima eher den Temperaturen auf dem Nordpol gleichen, dann fragen Sie sich selbst: „Würde ich es dulden?" oder „Was müsste verändert werden, damit es besser werden kann? Und zwar langfristig."

Je öfter und besser Sie die Verantwortung für Ihr eigenes

Tun und Handeln, für Ihren Aufgaben- und Verantwortungsbereich (!) übernehmen, desto besser ist dies für Sie und alle Beteiligten.

Verantwortung heißt, für die eigenen Entscheidungen und das eigene Handeln einzustehen und etwas zu unternehmen bzw. eine Entscheidung zu treffen, damit eine Situation einen guten Verlauf nimmt oder kein Schaden entsteht.

„Mensch sein heißt Verantwortung fühlen: sich schämen beim Anblick einer Not, auch wenn man offenbar keine Mitschuld an ihr hat; stolz sein über den Erfolg der Kameraden; seinen Stein beitragen im Bewusstsein, mitzuwirken am Bau der Welt."

– *Antoine de Saint-Exupéry*

11 Sie sind Führungskraft?

Ich habe versucht, Ihnen Informationen über Führungskräfte und deren Verantwortung zu vermitteln.

Vielleicht stellen Sie sich nun die Frage, wie Ihnen das als Führungskraft weiterhilft, da Sie an einem Scheidepunkt angekommen sind. Eventuell haben Sie noch keine Erfahrung als Führungskraft oder Sie möchten besser werden. In jedem Fall kann ich Ihnen nur Wege aufzeigen, die Sie gehen können. Doch seien Sie sich dessen bewusst, dass es kein Versuchen gibt. Wenn Sie sich für einen Weg entscheiden, dann gehen Sie ihn bis zum Ende.

Stellen Sie sich selbst folgende Fragen und beantworten Sie diese ehrlich an einem Ort, an dem Sie ungestört sind:

1. Möchten Sie eine Führungskraft oder eine Fachkraft sein?

   ◦ Bei Antwort „Führungskraft": Aus welchem

Grund möchten Sie eine Führungskraft sein?

- Bei Antwort „Fachkraft": Warum halten Sie dann dieses Buch in der Hand? Zweifeln Sie an sich selbst oder sind Sie wirklich lieber eine Fachkraft?

  - Wenn Sie an sich selbst zweifeln, dann hören Sie in sich hinein. Man muss kein Experte sein, um führen zu können und ein Gespür dafür zu haben. Die volle Verantwortung zu übernehmen, ist eher von Vorteil.

  - Wenn Sie doch lieber eine Fachkraft sein wollen, dann sollten Sie diesen Weg weiterverfolgen und Ihre Führungsverantwortung zurückgeben. Ansonsten werden Sie mit Ihrer neuen Aufgabe nicht glücklich werden und andere nicht glücklich machen.

2. Sind Sie sich selbst und der Wirkung auf andere

bewusst? Verstehen Sie Ihre eigenen Gefühle und Bedürfnisse und können Sie diese akzeptieren?

3. Können Sie sich selbst motivieren oder für eine Tätigkeit begeistern, selbst wenn es dafür keine Entlohnung oder Anerkennung gibt?

4. Können Sie leicht Kontakte knüpfen und Beziehungen aufbauen, ohne dabei immer im Mittelpunkt zu stehen?

5. Erkennen Sie an Mimik und Gestik die Emotionen Ihres Gegenübers und können angemessen darauf reagieren, z. B. bei Ärger, Traurigkeit, Verzweiflung?

6. Kennen Sie Ihre eigene Leistungsfähigkeit und können Sie diese entsprechend verwalten, ohne in Zeit- oder Ressourcenengpässe zu geraten?

7. Gehen andere Menschen bei Problemen auf Sie zu und suchen bei Ihnen Rat?

8. Macht es Ihnen Spaß, mit anderen zu arbeiten? Bitte verwechseln Sie dies nicht mit Kommandieren.

9. Wenn Sie jemandem etwas erklärt haben und es wurde nicht richtig verstanden, suchen Sie dann das offensichtliche Kommunikationsproblem zuerst bei sich selbst?

Ich gebe zu, es waren zum Teil tiefgründige Fragen, die ich gestellt habe. Besonders die erste Frage ist wichtig, sofern Sie gerade Führungskraft wurden und sich erste Zweifel bei Ihnen eingestellt haben.

Die Fragen zwei bis neun beschäftigen sich hingegen mit Ihrer emotionalen Intelligenz. So mancher Managementberater, wie auch ich, vertritt die Meinung, dass ohne emotionale Intelligenz der Weg einer Führungskraft nicht bestritten werden sollte. Die Antworten, die Sie sich selbst gegeben haben, sollten eher bejahend als verneinend sein, denn in jedem

„Nein" schlummert die Gefahr, dass Sie eventuell Anforderungen oder Erwartungen an sich selbst und andere Personen stellen, die Sie jedoch (noch) nicht erfüllen können. Dies führt zu Konflikten, die dann in den geschilderten Situationen enden können.

Identifizieren Sie allerdings auch jene Fragen, bei denen Sie sich mit einer Antwort nicht sicher waren, und hinterfragen Sie sich dabei selbst. Emotionale Intelligenz kann durch Selbstreflexion gesteigert werden. Versuchen Sie, nicht alles ins positive Licht zu rücken, sondern wirklich kritisch zu hinterfragen und aufzuarbeiten. Nur so können Sie zu einer Führungskraft werden, die gemeinsam mit Ihren Mitarbeitern durch Loyalität und Kreativität neue Wege beschreitet und Ziele erreicht.

Langfristiger Erfolg als Führungskraft führt zu motivierten und zufriedenen Mitarbeitern, das wiederum zieht zufriedene Kunden an. Der Spagat zwischen Unternehmenszielen, deren Strategien und den alltäglichen Befindlichkeiten von Mitarbeitern, die dazugehören, ist beachtlich und nicht erst in einer Firma eine Grundsatzfrage, sondern bereits im Klassenzimmer. Sie ist nichts Neues, sondern dieselbe Frage in einem anderen Umfeld, das Sie nun beeinflussen können, um einen entsprechenden Mehrwert für sich zu verzeichnen.

Folgende Punkte sollten Sie dabei verinnerlichen:

- Zeigen Sie Wertschätzung gegenüber Mitarbeitern sowie anderen Führungskräften.

- Seien Sie sich der Macht und Wirkung der Kommunikation bewusst.

- Glauben Sie an sich selbst und bleiben Sie sich selbst treu.

- Seien Sie lernbereit und probieren Sie Neues aus.

- Setzen Sie sich mit den Stärken und Schwächen von Mitarbeitern und vor allem mit Ihren eigenen auseinander.

- Messen Sie Macht und Geld nicht zu große Wichtigkeit und zu hohe Priorität zu.

- Seien Sie konsequent und konsistent – doch nie unfair und ungerecht.

- Akzeptieren Sie stets den eigenen Anteil am Geschehen. Auch am Chaos.

„Wenn es nur eine einzige Wahrheit gäbe, könnte man nicht hundert Bilder über dasselbe Thema malen."

– *Pablo Picasso*

12 Sie sind Mitarbeiter?

Wenn Sie dieses Buch als Mitarbeiter und nicht als Führungskraft oder Unternehmer gelesen haben, dann möchte ich Ihnen zu diesem Schritt gratulieren.

Offensichtlich haben Sie entweder bereits erkannt, dass Ihr Unternehmen nicht so optimal gesteuert wird, wie es vielleicht der Fall sein sollte, oder Sie steigen selbst bald als Führungskraft auf. Ich möchte Sie beglückwünschen, da beide Situationen essenzielle Veränderungen bei Ihnen auslösen werden.

Über Führungskräfte habe ich viele Gedanken verloren. Sie sollten also das notwendige Werkzeug erhalten haben, damit Sie einen besseren Weg einschlagen können.

Mitarbeiter, die die Kenntnis erlangen, dass auch Führungskräfte ein Unternehmen in den Abgrund steuern können, werden von Sorgen, Ängsten und Gedanken geplagt – Zukunftsängste sind nur ein Teil davon.

Die Frage nach der Sinnhaftigkeit des täglichen Aufgabengebiets stellt sich anfangs nur hin und wieder, um sich im Laufe der Zeit wie ein Ohrwurm zu manifestieren. Anfangs dienen Kollegen und Freunde als Ventil für alle Gedanken, doch es ist nur eine Frage der Zeit, bis man sich die Frage stellt: „Ist das Gras auf einer anderen Wiese wirklich nicht grüner?"

Es gibt immer eine Person, die Ihnen diesen kleinen Gedanken im Kopf bestätigt: „So ist es überall. Arrangieren Sie sich damit oder packen Sie Ihre Sachen und erfahren es in einer anderen Firma."

Wenn Sie dieses Buch gelesen haben, dann wissen Sie, dass jede Wahrheit immer mindestens zwei Seiten hat. Es gibt nicht die eine ultimative Wahrheit. Schon gar nicht, wenn diese Wahrheit Sie nicht glücklich macht, Energie und Nerven kostet und Ihnen Ihre Perspektiven raubt. Sie haben bereits erkannt, dass die Inkompetenz in der Firma ein Level angenommen hat, dass nicht mehr ignoriert werden sollte. Doch die Frage, die Sie sich stellen müssen, ist: Wollen Sie in dieser Firma die Kraft, den Mut und die Geduld aufbringen, die erforderlich wären, das alles zu ändern?

Wollen Sie gegen einen oder mehrere (betriebsblinde) Führungskräfte kämpfen, die meist eine erhebliche Rückendeckung durch das Unternehmensmanagement erhalten?

Möchten Sie Ihre eigene Gesundheit opfern, um ein Schiff, das den Kurs, gegen einen Eisberg zu fahren, längst bestätigt hat, zum Ausweichen und Umdrehen zu bewirken, obwohl Ihr Erfolg weder absehbar ist, noch wertgeschätzt wird?

Sie haben meines Erachtens in dieser Situation drei Möglichkeiten:

Sie akzeptieren diese Situation und machen Dienst nach Vorschrift. Mit dem Hintergedanken, dass das Unternehmen von heute auf morgen in Insolvenz gehen kann und Mitarbeiter – und eventuell auch Sie – entlassen werden.

Sie erkennen Ihre Stärken und Fähigkeiten und entscheiden sich bewusst dafür, einen neuen Arbeitgeber zu suchen. In vielen Fällen bieten andere Unternehmen bessere Entwicklungsmöglichkeiten, ein angenehmeres Arbeitsklima oder mehr Wertschätzung. Nicht jedes Unternehmen leidet unter schlechter Führung – es gibt durchaus Arbeitgeber, die frühzeitig auf Herausforderungen reagieren und Probleme konsequent lösen.

Wenn Sie sich bereits vor einer möglichen Kündigung nach neuen beruflichen Chancen umsehen, handeln Sie aus einer sicheren Position heraus. Dadurch können Sie Bewerbungsgespräche entspannter führen und sich gezielt auf Aspekte konzentrieren, die Ihnen wichtig sind: Weiterbildung, ein positives Arbeitsklima, flexible Arbeitszeiten, abwechslungsreiche Aufgaben und Karrierechancen.

Sie machen es besser. Wenn Sie der Meinung und vor allem der eigenen Überzeugung sind, dass Sie es besser machen können, dann tun Sie es. Wagen Sie den Schritt in die Selbstständigkeit und gründen Sie, entweder allein oder mit Partnern, ein Unternehmen. Es gibt für nahezu jedes Tätigkeitsfeld einen Bedarf an Unternehmen mit Fachkompetenz. Doch unterschätzen Sie nicht den Aufwand eines eigenen Unternehmens. Diese Warnung sollte Sie von Ihrem Vorhaben keinesfalls abbringen, sondern vielmehr wappnen und für Ihre neue Aufgabe und Verantwortung sensibilisieren. Mit der entsprechenden Kalkulation und einem Plan, der Sie ans Ziel bringt, können Sie alles schaffen, was Sie sich vorgenommen haben.

„Wer immer tut, was er schon kann,
bleibt immer das, was er schon ist."
– *Henry Ford*

13 Sie sind Unternehmer?

Wenn Sie als Unternehmer eine Firma mit mehreren Mitarbeitern verwalten, müssen Sie sich auf Ihre Führungskräfte zu 100 Prozent verlassen können. Tatsache ist allerdings, dass es oft Führungskräfte gibt, die Positionen innehaben, mit denen sie entweder heillos überfordert sind oder dem Unternehmen mehr schaden als nützen. Laut einer Gallup-Langzeituntersuchung aus dem Jahr 2019 ist dieser Schaden in Milliardenhöhe zu beziffern.

Vor allem das sogenannte Peter-Prinzip wird gerne angewandt, damit offene Stellen einer Führungskraft schnell nachbesetzt werden können. Wem das Peter-Prinzip noch nicht geläufig ist – hier eine kurze Erklärung:

Das sogenannte Peter-Prinzip basiert auf der Theorie des Soziologen Laurence J. Peter (1919–1990) und besagt, dass jeder Mensch in einer komplexen Hierarchie so lange befördert wird, bis er eine Position erreicht hat, wo er durch mangelnde Kompetenz nicht mehr befördert werden kann. Sprich, auf jeder Position sitzt irgendwann eine Führungskraft, die die damit verbundenen Aufgaben nicht mehr ausüben und die Anforderungen derselbigen erfüllen kann.

In Anlehnung an dieses Prinzip bzw. diese Theorie offenbart sich die Frage, ob diese auch in Ihrem Unternehmen Anwendung findet, und wenn ja, welche Auswirkungen dies mit sich bringt.

Um eine ehrliche Antwort auf diese Fragen zu erhalten, müssen Sie sich wie eine Führungskraft verhalten und an die Front gehen. Sie werden mit hoher Wahrscheinlichkeit eine unfähige Führungskraft nicht via E-Mail, Meeting, Mitarbeiterbefragung oder durch die Analyse von Kennzahlen identifizieren. Unfähige Führungskräfte werden von fähigen Mitarbeitern unterstützt und gedeckt, meist unbewusst, weil eben einfach nur der Job, der verlangt wird, ausgeführt wird.

Wie wollen Sie also vorgehen, um inkompetente Führungskräfte zu enttarnen? Folgende Fragen und Ratschläge möchte ich Ihnen mit auf den Weg geben.

Besitzen die Mitarbeiter eines Teams ein hohes Niveau in ihrem Aufgabengebiet und entwickelt es sich von selbst weiter?

In diesem Fall haben Sie es eventuell mit dem Exzellenz-Effekt zu tun, der besagt, dass erstklassige Chefs erstklassige Mitarbeiter anziehen und weiterentwickeln. Zweitklassige Chefs ziehen eher Mitarbeiter dritter Klasse an, damit die eigene (In-)Kompetenz nicht infrage gestellt werden kann. Von Weiterentwicklung (vor allem der eigenen Persönlichkeit) kann hier kaum bzw. nicht die Rede sein.

Stellt sich eine Führungskraft gerne selbst ins Rampenlicht, wobei deren Erfolge, Ideen und

Lösungen durch Sie selbst erarbeitet wurden?

Womöglich beansprucht diese Führungskraft die Leistung des jeweiligen Teams für sich allein und erntet die Lorbeeren, die ihr nicht zustehen. Sie sollten in diesem Fall den Erfolg mit Details erfragen und sich von unzähligen Exceltabellen und PowerPoint-Folien nicht blenden lassen.

Gibt es verhältnismäßig viele Krankenstandstage bzw. Kündigungen in einem Team?

Wenn Mitarbeiter ihren Dienst mit Krankenständen oder durch Kündigungen quittieren, sollten Sie als Unternehmer hellhörig werden. Entweder haben Sie es mit einem sehr anspruchsvollen Arbeitsumfeld oder einer anspruchsvollen Führungskraft zu tun. Letzteres ist meist offensichtlich, wenn die Krankenstandstage einige Monate nach der „Amtseinführung" einer neuen Führungskraft steigen. Dann sollten Sie, wenn möglich, Insiderwissen erlangen, da es sich um einen Boykott der Mitarbeiter gegen eine neue Führungskraft handeln kann.

Nimmt das Team geschlossen an Team-Events teil oder gibt es nur ein paar einzelne Vertreter, die bei jedem Event anzutreffen sind?

Wenn sich ein Team gegen eine Führungskraft auflehnt, werden Team-Events, an denen diese Führungskraft anwesend ist, gemieden. Warum Zeit mit jemandem verbringen, der nicht weiß, wie Konflikte reduziert und vermieden bzw. zwischenmenschliche Beziehungen gepflegt werden? Dies ist ein eindeutiges Indiz dafür, dass es innerhalb eines Teams zu Konflikten gekommen ist. Auch hier lege ich Ihnen nahe, die Gründe dafür erst bei der entsprechenden Führungskraft und dann durch außenstehende Meinungen zu erforschen. Oft hat sich ein Konflikt bereits bei anderen Mitarbeitern bzw. Führungskräften herumgesprochen.

Gibt es Anzeichen zur Veränderung und Optimierung

von Prozessen und Produkten bzw. Dienstleistungen bei dieser Führungskraft?

Führungskräfte, die sich kaum vom Fleck bewegen und sich mit Ideen zurückhalten, halten mitunter auch ihr eigenes Team unten. Es gibt kaum einen Mitarbeiter, der zumindest nicht durch die eigene Faulheit einen Prozess verbessern oder verändern möchte. Verzeichnen Sie aus einer Abteilung so gut wie keine Innovation, sollten Sie erfragen, warum das so ist.

Nichts ist im 21. Jahrhundert so geblieben, wie es einmal war. Selbst Ihr Finanzamt nicht.

Im Übrigen gilt diese Vorsicht bei Führungskräften, die nach außen hin den Anschein erwecken, offen für jede Veränderung zu sein, doch wenn es darauf ankommt, zahlreiche Gründe finden, nichts – vor allem im eigenen Team – zu tun.

Sie sehen, es ist keine leichte Aufgabe, jene Personen zu

identifizieren, die ein falsches Spiel spielen oder die mit ihrer Aufgabe und Position heillos überfordert sind.

Es ist viel schwieriger, inkompetente Führungskräfte zu entlarven, als kompetente zu finden und für sich zu gewinnen. Allerdings müssen Sie genau mitteilen, was Sie finden möchten, und nicht, was die Allgemeinheit anzubieten hat.

Aus diesem Grund möchte ich Ihnen mit der richtigen Stellenbeschreibung für Ihre künftigen Führungskräfte den Weg zu Ihrem Ziel ebnen.

14 Stellenbeschreibungen für Führungskräfte

Führungskräfte haben auf die Leistung und den Zusammenhalt von Teams einen erheblichen Einfluss. Umso mehr erstaunt es mich, dass heutzutage scheinbar jeder diese Position einnehmen und ausführen kann/darf.

Üblicherweise gibt es – wie wir bereits erkannt haben – hohe Anforderungen, die aber nur selten bei Bewerbungs- oder Feedbackgesprächen in Betracht gezogen werden. Die meisten Stellenbeschreibungen für Führungskräfte sehen (leider) wie folgt aus:

Beispiel einer Stellenbeschreibung für einen Abteilungsleiter in der Logistik-Branche

Ihre Aufgabe

- Fachliche und disziplinäre Führung sowie Weiterentwicklung von elfköpfigen Teams

- Betreuung und Optimierung von mehreren Lagerstandorten inklusive Kapazitätsplanung, Monitoring etc.

- Mitarbeiter bei der Einführung eines neuen ERP-Programmes

- Schnittstelle zu anderen Abteilungen wie Qualität, Transport etc.

Sie bieten

- Abgeschlossene Ausbildung im Bereich Transport, Logistik, Wirtschaft (Lehre, Matura, Universität, FH)

- Mehrjährige Berufs- sowie Führungserfahrung

- Kenntnisse gängiger ERP-Systeme, wie beispielsweise SAP

- Dynamische Persönlichkeit, die stark in der Argumentation ist, aber auch empathisch auf Mitarbeiter eingehen kann

- Internationale Reisebereitschaft

Beispiel einer Stellenbeschreibung für eine Führungskraft in der Finanz-Branche

Sie bieten

- Abgeschlossene Ausbildung mit IT-Schwerpunkt (Uni, FH, HTL)

- Mehrjährige Berufserfahrung im IT-Bereich

- Einschlägige Kenntnisse bzw. Zertifizierungen im

Bereich IT-Security (ISMS, ISO usw.)

- Hohes Interesse am Finanz- und Wertpapierbereich

- Genaue, zuverlässige, lösungsorientierte und selbstständige Arbeitsweise

- Hohe Kommunikations- und Teamfähigkeit, Eigeninitiative und überdurchschnittliche Leistungsbereitschaft

Beispiel einer Stellenbeschreibung für einen Abteilungsleiter in der Verkehrs-Branche

Ihre Aufgaben

- Leitung, Koordination und Abwicklung aller Projekte im Straßen-, Rad-, Fußgänger- sowie öffentlichen Verkehr

- Führungs- und Budgetverantwortung

- Zusammenarbeit mit Planern, Sachverständigen und Ziviltechnikern inkl. etwaigen Bürgerbeteiligungen

- Verkehrsuntersuchungen, Unfallanalysen und Erarbeitung von Optimierungsmaßnahmen

- Verhandlungen und Stellungnahmen zu unterschiedlichsten Verfahren und Vorhaben sowie zu externen und internen Anfragen

- Erarbeitung von lösungsorientierten Entscheidungsvorschlägen und Vorlagen für den Gemeinderat

Ihr Profil

- Abschluss einer höheren technischen Ausbildung (vorzugsweise Bautechnik, Tiefbau, Straßenbau, Verkehrstechnik oder in einem ähnlichen Bereich)

- Einschlägige, mindestens 5-jährige Berufserfahrung

- Führungserfahrung von Vorteil

- Sehr gute EDV-Kenntnisse (Auto-CAD, GIS)

- Dynamische, zielorientierte, zuverlässige Persönlichkeit

Fällt Ihnen etwas auf?

Von Führungskräften wird seltsamerweise primär das spezifische Insiderwissen des jeweils zu leitenden Bereiches UND nebenbei ein Führungsstil, der eben das Merkmal einer Führungskraft mit sich bringt, erwartet.

Ansonsten könnte es sich auch um eine Fachkraft handeln, die denselben Job macht, den auch die Mitarbeiter unter der Führungskraft machen sollten. Das Peter-Prinzip lässt grüßen.

Doch seien wir uns ehrlich. Macht das eine gute

Führungskraft aus? Bewundern Sie Ihren Chef, wenn dieser fachlich alles versteht, was Sie vorbringen, Sie aber im Gegenzug auf der persönlichen Ebene nicht versteht? Oder bewundern Sie nicht eher die Führungskraft, die fachlich ihre Mitarbeiter in den Vordergrund stellt und sich primär um den Zusammenhalt, die Koordination, eben die Führung des Teams oder des Standorts, kümmert?

Schauen wir uns an, was eine gute Führungskraft wirklich ausmacht:

14.1 Eigenschaften einer sehr guten Führungskraft

Sie leben Teamfähigkeit

Jeder nennt Teamfähigkeit als Grundvoraussetzung für Führungskräfte, ebenso für Mitarbeiter. Teamfähigkeit bedeutet nicht, sich lediglich wie ein Puzzleteil in ein Team einzufügen.

Teamfähigkeit bedeutet, die Stärken und Schwächen des gesamten (!) Teams zu kennen UND beides zu akzeptieren. Eine Führungskraft mit einer hohen Kompetenz zur Teamfähigkeit übernimmt in jedem Fall Verantwortung, legt hohen Wert auf eine transparente Kommunikation und weiß, wo die richtigen Aufgaben der eigenen Mitarbeiter angesiedelt sind.

Das Team hat die höchste Priorität.

Sie leben starke Werte

Es gibt Dinge, die nicht durch Regeln und Anweisungen durchgesetzt werden können. Mitarbeiter sind immer noch Menschen und deshalb bauen und vertrauen sie auf Werte: Ehrlichkeit, Offenheit, Transparenz und Vertrauen.

Das A und O ist Kommunikation, um Ziele best- und schnellstmöglich zu erreichen. Wenn Sie keine Werte vorleben, brauchen Sie auch keine Werte zu erwarten.

Gute Chefs vertrauen

Viele Führungskräfte haben ein Verständnisproblem. Es wird die Meinung vertreten, dass Vertrauen verdient und erarbeitet werden muss. Insbesondere wird diese Erwartungshaltung gegenüber den eigenen Mitarbeitern hochgehalten. Dem ist jedoch nicht so. Mitarbeiter haben meist ein hohes Kompetenzlevel und ihre Aufgabe im Unternehmen bereits gefunden.

Führungskräfte jedoch nicht – da Mitarbeiter sie nach

persönlichen Kriterien bewerten und nicht nach einer Stellenbeschreibung, wie zuvor erläutert. Führungskräfte müssen deshalb zuerst Vertrauen aufbauen, um eine gegenseitige Vertrauensbasis herzustellen. Dazu gehört es, Freiräume zu schaffen und Mikromanagement zu eliminieren.

Sie sind respektvoll und wissen, was Feedback ist

Eine gute Führungskraft ist wie ein Gentleman der alten Schule. Sie wissen, dass Respekt in guten und auch schlechten Zeiten gelebt werden muss. Fehler und Kritik werden unter vier Augen besprochen. Lob und Anerkennung zur richtigen Zeit und im angemessenen Ausmaß thematisiert. Feedback- bzw. Mitarbeitergespräche sind für diese Führungskräfte keine Last, sondern eine Chance, Mitarbeiter zu entwickeln.

Sie inspirieren und kommunizieren

Visionen und Ziele kennt jedes Unternehmen. Worauf

konzentriert sich die Entwicklung? Was ist das große Ziel, das erreicht werden soll? Wenige Führungskräfte verstehen es, diese Visionen und Ziele runter zu brechen und ein klares, verständliches Bild für Mitarbeiter zu schaffen. Somit wundern sie sich eher, warum Mitarbeiter Visionen und Ziele ablehnen, anstatt dafür zu kämpfen.

Wenn Sie zu den wenigen Personen gehören, die ein Budgetziel so kommunizieren, dass Mitarbeiter voller Energie und Tatendrang an die Arbeit gehen, dann sind Sie eine große Bereicherung für Ihr Unternehmen.

Sie wissen um die Wichtigkeit von Persönlichkeit und Interessen

Mitarbeiter sind Menschen, Führungskräfte auch. Es gibt gute Tage, es gibt schlechte. Es gibt eigene Bedürfnisse, es gibt verborgene Ängste. Gute Führungskräfte kennen die unterschiedlichen Persönlichkeiten ihrer Mitarbeiter und deren Interessen. Sie haben ein Ohr für Ideen, aber auch für Probleme. Sie hören aktiv zu, halten private Dinge geheim und unterstützen, wenn es verlangt wird.

Eine Führungskraft ist oft viel mehr als nur ein Chef. Wer das versteht, gelangt zu neuen Ideen, Ansichten und Perspektiven.

Sie bleiben sich selbst treu

Es gibt dieses ungeschriebene Gesetz, dass Führungskräfte keine Fehler machen. Mitarbeiter, die jedoch um die Fehler einer Führungskraft wissen, lassen diesen schneller fallen als eine heiße Kartoffel. Und das spricht sich herum. Misstrauen ist vorprogrammiert.

Machen Sie es sich einfach: Bleiben Sie sich selbst treu und stehen Sie zu den Fehlern, die Sie machen. Niemand ist perfekt. Das verlangt auch niemand. Mitarbeiter verzeihen Fehler schneller, als man denken würde, und bringen im Gegenzug mehr Vertrauen auf, da Sie dadurch menschlich wirken – was Sie ja auch sind.

Dank und Erfolge

Ein kleines Dankeschön für kleine und große Erfolge – gute Chefs wertschätzen jene Mitarbeiter, die es verdienen. Sie loben und übergeben das Rampenlicht, wenn es angebracht ist. Mit fremden Federn schmücken und Ideen zu stehlen, kommt für Sie nicht infrage. Sie haben keine Angst um Ihren Job, sondern bauen auf Vertrauen und gemeinsame Ziele.

Sie agieren als Vorbild

Führungskräfte sagen gerne, was sie sich erwarten und vorstellen – doch nur wenige sind imstande, sich selbst daran zu halten. Wenn Sie sich dabei ertappen, dass Sie Ergebnisse und Leistungen Ihrer Mitarbeiter kritisieren, dann sollten Sie sich die Frage stellen, ob Sie die Ziele und Aufgaben klar und verständlich transportiert haben. Bevor Sie nun mit „Ja" antworten: Es ist meist ein Problem des Senders, nicht des Empfängers.

Gute Führungskräfte hinterfragen ihre eigene Arbeitsweise, sobald Missverständnisse aufkeimen. Sie kennen die Wirkungskraft aller vorher genannten Punkte und erwarten diese nicht in erster Linie von den Mitarbeitern, sondern von sich selbst.

Sie wissen, dass Veränderungen immer erst bei einem selbst beginnen.

Fachliche Kompetenz wird überbewertet

In allen Angelegenheiten, die wichtig für eine gute Mitarbeiterführung sind, haben wir von fachspezifischen Themen, Budgetverantwortung oder Zertifizierungen und Ausbildungen bisher nichts gelesen.

Sind diese Themen also gänzlich zu ignorieren und als Führungskraft unnötig? Das würde ich so nicht sagen, aber in der Tat haben eine fachspezifische Ausbildung und deren Zertifizierungen bei der Führungskraft an sich nichts verloren. Warum nicht? Weil dafür das jeweilige Team zuständig ist. Als Führungskraft muss ich nicht gänzlich den Bereich oder Know-how-Level meiner Mitarbeiter abdecken.

Schauen Sie in die Politik. Kein Mensch wird Präsident eines Landes, weil seine Kenntnisse in Wirtschaft, im Gesundheitswesen oder Finanzbereich so ausgeprägt sind. Dahinter steht eine Partei mit all ihren „Experten", die dann verschiedenste Ministerien besetzen und mit allen anderen Parteien eine bestmögliche Lösung für das gesamte Land finden sollen. Zumindest in der Theorie.

Eine gute Führungskraft sollte alle genannten Punkte leben – die Realität sieht jedoch oft anders aus. Dies zeigte auch eine Befragung im Jahr 2019 der Gallup GmbH. Das Resultat kann online im Gallup-Engagement-Index 2019 eingesehen werden. Auf 35 Folien wird klar, dass die Anforderungen an gute Führungskräfte dringend überarbeitet werden müssen.

Nicht nur im Sinne Ihrer Mitarbeiter, sondern auch im Sinne Ihrer Firma und Ihres Umsatzes. Deshalb möchte ich Ihnen nun eine Stellenanzeige präsentieren, die Ihnen helfen kann, eine bessere Führungskraft zu finden, um aktuelle Herausforderungen zu überwinden und vor allem neue Wege zu beschreiten.

14.2 Die bessere Stellenbeschreibung

Wenn Sie auf der Suche nach einer guten Führungskraft sind, dann sollten Sie Ihre Stellenanzeige anpassen. Legen Sie die Fachkompetenz beiseite, da diese primär bei Ihren Mitarbeitern angesiedelt ist. Konzentrieren Sie sich stattdessen auf Themen, die Ihnen helfen, Krisen zu bewältigen, Erfolge zu feiern und das Beste aus Ihren Mitarbeitern zu holen.

Wie würden Sie auf diese Stellenbeschreibung reagieren, würden Sie diese in einem Jobportal oder in einer Zeitung lesen? Wie als zukünftige Führungskraft? Wie als Mitarbeiter des Unternehmens? Und vor allem, wie als Kunde dieses Unternehmens?

Ihre Aufgaben

- Sie übernehmen Verantwortung für ein elfköpfiges Team mit unterschiedlichsten Persönlichkeiten.

- Sie motivieren Mitarbeiter und kennen deren Stärken und Schwächen.

- Sie fördern und entwickeln Ihre Mitarbeiter.

- Sie wissen, wie Feedback gestaltet und kommuniziert wird, wie Erfolge gefeiert werden bzw. aus Misserfolgen gelernt wird.

- Sie stehen zu Ihren eigenen Fehlern und führen eine Fehlerkultur in unserem Unternehmen ein.

- Sie kommunizieren auf einer Ebene mit Ihrem Team sowie auf einer verständlichen Ebene mit unserem Unternehmen.

Sie bieten

- Eine hohe Führungskompetenz und Empathie

- Sie kennen Ihre Stärken und Schwächen.

- Sie verfügen über eine hohe Selbstreflexion und entwickeln sich selbstständig weiter.

- Ihr Reden und Tun stimmt überein und Sie vertreten Ihre eigenen Werte.

- Der Kunde ist bei Ihnen im Fokus, jedoch nicht König.

- Sie verlassen gerne Ihre Komfortzone und begeben sich in die Entwicklungszone.

- Sie kennen den Wert der offenen und transparenten Kommunikation.

- Sie vermeiden keine Konflikte, sondern nutzen deren Chancen zur Veränderung.

- Was Sie von Ihren Mitarbeitern verlangen, leben Sie

als Vorbild vor.

Sie sehen, Sie müssen nicht mit demselben Filter und Sieb die gleichen Personen suchen wie Ihre Mitbewerber. Wenn Sie eine außergewöhnliche Person an Bord benötigen, dann definieren Sie es auch so!

15 Die SWOT-Analyse

Wie erwähnt, möchte ich Ihnen noch die SWOT-Analyse vorstellen, die für verschiedene Dinge angewendet werden kann, wie z. B. zur Produkt- und Unternehmensanalyse, zur eigenen persönlichen Analyse oder auch für Businesspläne. Diverse Bücher, Webseiten und Seminare können Ihnen dazu weitere Anwendungsgebiete und Ausführungen anbieten.

Doch worum geht es bei der SWOT-Analyse?

Die SWOT-Analyse, die sich von den vier Bereichen „Strengths" (Stärken), „Weaknesses" (Schwächen), „Opportunities" (Chancen) und „Threats" (Risiken) ableitet, ist eine Methode, um herauszufinden, was zum Erfolg oder Misserfolg des zu betrachtenden Objekts beiträgt.

Sie können damit herausfinden, wo Sie gut aufgestellt und wo Sie angreifbar sind, bzw. noch Potenzial nach oben vorhanden ist. Oder um den chinesischen General, Militärstrategen und Philosophen Sunzi (544–496 v. Chr.) zu zitieren:

„Wenn du den Feind und dich selbst kennst, brauchst du den Ausgang von hundert Schlachten nicht zu fürchten. Wenn du dich selbst kennst, doch nicht den Feind, wirst du für jeden Sieg, den du erringst, eine Niederlage erleiden. Wenn du weder den Feind noch dich selbst kennst, wirst du in jeder Schlacht unterliegen."

Um eine SWOT-Analyse durchzuführen, wird in der Regel nicht viel benötigt – allen voran der Wille, eine bestimmte Situation oder ein zu betrachtendes Objekt (z. B. Produkt, Unternehmen etc.), Zeit, Ehrlichkeit und Objektivität sowie Zettel und Stift. Im besten Fall noch jemanden, der Ihnen eine andere Sichtweise ermöglicht: das sogenannte Fremdbild.

Teilen Sie den Zettel in vier Bereiche:

A Stärken	B Schwächen
C Chancen	D Risiken

Nun müssen Sie sich die Zeit nehmen, um zu überlegen, welche Stärken Sie bedienen, wenn wir vom Fall ausgehen, eine Selbstanalyse zu erlangen. Stärken, die Sie persönlich ausmachen.

Tragen Sie diese ins Feld A ein und hören Sie nicht auf zu schreiben oder nachzudenken. Fallen Ihnen weitere Stärken ein, dann schreiben Sie diese auf. Wenn Sie nicht genau wissen, woran Sie sich orientieren sollten, ein paar Beispiele:

- Sie sprechen mehrere Sprachen.

- Sie sind sehr gut organisiert.

- Sie hören das Befinden von anderen Menschen zwischen den Zeilen heraus.

- Es wird Ihnen blind vertraut.

Machen Sie sich bei den Stärken nicht kleiner, als Sie sind. Nicht alles, was wir als selbstverständlich annehmen, ist auch so.

Als Nächstes widmen Sie sich den Schwächen im Feld B. Listen Sie ehrlich auf, was Ihnen schwerfällt oder wo Sie Verbesserungspotenzial sehen:

- Der Computer ist für Sie eine fremde Welt.

- Sie telefonieren nicht gerne mit Kunden.

- Sie sind kein Frühaufsteher.

Seien Sie kritisch bei der Beantwortung dieses Feldes, jedoch nicht zu streng mit sich selbst.

Das Feld C betrifft Ihre Chancen. Überlegen Sie, welche Möglichkeiten sich Ihnen bieten – beruflich wie privat, wie z. B.:

- Sie können Fremdsprachenkurse anbieten.

- In Ihrem Unternehmen werden Vertrauenspersonen gesucht. Vielleicht etwas für Sie?

- Ein bestimmter Kurs zum Thema XY hat Sie schon länger interessiert? Wie wäre es, diesen zu besuchen und aus einer Schwäche eine Stärke zu machen?

Zuletzt widmen wir uns dem Punkt Risiken unter Feld D. Reflektieren Sie potenzielle Risiken, die Ihre Entwicklung beeinflussen könnten, z. B.:

- Der Kurs ist recht teuer und kann das eigene monatliche Budget negativ beeinflussen.

- Es gibt keine Zielgruppe für diese Tätigkeit im

unmittelbaren Umfeld.

- Mitarbeiter im selben Team weisen viel höheres Verständnis und Wissen im Umgang mit Computern auf.

Das Ergebnis können Sie nun mit einer zweiten Person abgleichen und diskutieren, um (Gegen-)Maßnahmen abzuleiten oder für sich selbst zu verinnerlichen. Wer sich seiner Stärken bewusst ist und an seinen Schwächen arbeitet, arbeitet letztendlich an seinem Selbstvertrauen. Es empfiehlt sich, diesen Vorgang jährlich zu wiederholen und mit den vorliegenden Ergebnissen zu vergleichen.

Sie werden früher oder später feststellen, dass Ihre eigene Basis durch solche Prüfmechanismen viel stabiler sein wird, vor allem im Hinblick auf den Umgang mit Konflikten sowie das eigene Durchsetzungsvermögen.

Es ist nur eine Frage des eigenen Selbstvertrauens, was Sie sich von anderen Menschen gefallen lassen und was Sie im

Leben erreichen können.

„Die reinste Form des Wahnsinns ist es,
alles beim Alten zu belassen und
gleichzeitig zu hoffen, dass sich etwas ändert."
– *Albert Einstein*

16 Die IKIGAI Methode – Den eigenen Antrieb finden

Da die SWOT-Analyse nahezu in jedem Buch über Management zu finden ist, möchte ich Ihnen eine weitere Methode vorstellen. Es handelt sich um die sogenannte IKIGAI-Methode, die einen modernen und ganzheitlichen Ansatz zur Selbstreflexion und persönlichen Weiterentwicklung bietet. Ikigai stammt ursprünglich aus Japan und bedeutet so viel wie „das, wofür es sich zu leben lohnt".

Sie kann helfen, den eigenen Lebenssinn und Antrieb zu finden. Um authentisch und effektiv führen zu können, sollten Führungskräfte ihre Motivation und Werte kennen.

Vier zentrale Fragen der IKIGAI-Methode:

- **Was lieben Sie?** (Leidenschaft) – Tätigkeiten, die

Freude bereiten und begeistern.

- **Worin sind Sie gut?** (Stärken) – Fähigkeiten, Talente und Kompetenzen

- **Was braucht die Welt?** (Gesellschaftlicher Nutzen) – Bedürfnisse, zu denen man beitragen kann.

- **Wofür können Sie bezahlt werden?** (Berufliche Chancen) – Tätigkeiten, mit denen sich Geld verdienen lässt.

Ein Beispiel für die praktische Anwendung der IKIGAI-Methode:

Stellen wir uns Kerstin vor. Sie arbeitet als Projektmanagerin in einem mittelständischen Unternehmen. In ihrem Job fühlt sie sich zunehmend unzufrieden und fragt sich, ob sie ihre beruflichen Stärken wirklich nutzt.

Was liebt Kerstin? – Sie liebt es, kreativ zu sein und

Menschen zu inspirieren. Sie interessiert sich besonders für nachhaltige Produkte.

Worin ist Kerstin gut? – Sie Ist stark im Organisieren, Präsentieren und hat ein gutes Gespür für Trends.

Was braucht die Welt? – Immer mehr Menschen suchen nachhaltige Alternativen in ihrem Alltag.

Wofür kann Kerstin bezahlt werden? – Unternehmen suchen nach Fachkräften für nachhaltige Produktentwicklung und Marketing.

Kerstin erkennt durch die IKIGAI-Methode, dass sie ihre Fähigkeiten und Interessen in einem Job kombinieren könnte, der nachhaltige Produkte vermarktet. Sie beginnt, gezielt nach Weiterbildungen in diesem Bereich zu suchen, und bewirbt sich bei Firmen, die diesen Fokus haben.

Der Schnittpunkt dieser vier Bereiche bildet das persönliche IKIGAI.

Vorteile für Führungskräfte:

- **Selbstreflexion:** Klarheit über eigene Werte, Motivation und Ziele.

- **Mitarbeiterführung:** Besseres Verständnis für die Bedürfnisse und Potenziale von Mitarbeitern.

- **Nachhaltige Motivation:** Orientierung an den eigenen Stärken und Leidenschaften.

- **Sinnvolle Entscheidungen:** Abwägung von Chancen und Risiken im Einklang mit den eigenen Überzeugungen.

Wie setze ich die IKIGAI-Methode um?

- Notieren Sie Ihre Antworten zu den vier Kernfragen auf einem Blatt Papier oder nutzen Sie eine IKIGAI-Vorlage.

- Suchen Sie nach Überschneidungen und Verbindungen zwischen den Bereichen.

- Überlegen Sie, wie Sie diese Erkenntnisse in Ihren Alltag und Ihre Führungsrolle integrieren können.

Die IKIGAI-Methode unterstützt Sie dabei, authentisch zu führen, die richtige Balance zwischen beruflichen Zielen und persönlichen Werten zu finden und weiterzuentwickeln.

17 Der Golden Circle – Die eigene Berufung finden

Neben der SWOT-Analyse und der IKIGAI-Methode bietet der Golden Circle von Simon Sinek eine kraftvolle Methode, um die eigene berufliche Ausrichtung und Motivation besser zu verstehen. Dieses Modell hilft Ihnen, den tieferen Sinn Ihrer Arbeit zu erkennen und gezielt an Ihrer beruflichen Entwicklung zu arbeiten.

Der Golden Circle gliedert sich in drei zentrale Fragen:

- **WHY (Warum?)** – Warum tue ich, was ich tue? Was ist meine Motivation? Was treibt mich an?

- **HOW (Wie?)** – Wie setze ich meine Motivation in konkrete Handlungen um? Welche Werte und Prinzipien prägen meine Arbeit?

- **WHAT (Was?)** – Was tue ich konkret? Welche Aufgaben übernehme ich? Welche Produkte oder

Dienstleistungen biete ich an?

Ein Beispiel für die Anwendung des Golden Circle:

Max arbeitet seit mehreren Jahren im Vertrieb, fühlt sich jedoch zunehmend unzufrieden. Er möchte herausfinden, was ihm wirklich Freude bereitet und welche berufliche Richtung besser zu ihm passt. Mithilfe des Golden Circle reflektiert Max seine berufliche Situation:

- **WHY:** Max liebt es, Menschen zu inspirieren und ihnen dabei zu helfen, ihr Potenzial zu entfalten.

- **HOW:** Er hat die Fähigkeit, komplexe Produkte verständlich zu erklären und individuell auf Kundenbedürfnisse einzugehen.

- **WHAT:** Max erkennt, dass er seine Fähigkeiten besser in der Personalentwicklung oder im Coaching einsetzen könnte, um Menschen direkt zu unterstützen.

Durch diese Selbstreflexion wird Max klar, dass er in seinem aktuellen Job nicht erfüllt ist. Er beginnt gezielt nach Möglichkeiten in der Mitarbeiterentwicklung und im Coaching zu suchen, um seine berufliche Erfüllung zu finden.

Vorteile des Golden Circle:

- **Klarheit über die eigene Motivation:** Mitarbeitende verstehen besser, was sie antreibt.

- **Gezielte Weiterentwicklung:** Sie können berufliche Entscheidungen bewusster treffen.

- **Höhere Motivation:** Die Arbeit erhält mehr Sinn, was zu mehr Engagement führt.

Der Golden Circle ist besonders hilfreich, um herauszufinden, ob die aktuelle berufliche Position mit den eigenen Werten und Zielen übereinstimmt. Sie können diese Methode nutzen, um sich selbst gezielt zu fördern und Ihre Potenziale besser einzusetzen.

18 Mitarbeiterperspektive vertiefen

Es ist ein Irrglaube zu denken, dass ausschließlich Führungskräfte für ein gutes Arbeitsklima oder den Erfolg eines Unternehmens verantwortlich sind. Sie tragen eine wichtige Rolle, in der Tat, doch Mitarbeiter haben mit unter eine viel wichtige Rolle im Unternehmen, wenn es darum geht, dasselbe voranzubringen. Diese Perspektive wird allerdings oft vernachlässigt oder unterbewertet. Das ist schade, denn nur gemeinsam lässt sich etwas bewegen.

Kennen Sie den Spruch „Eine Kette ist nur so stark, wie ihr schwächstes Glied"? – diesen Spruch können Sie auf Ihr Unternehmen und Ihr Team zu jederzeit anwenden. Ist ein Mitarbeiter nicht korrekt eingeschult oder nicht motiviert oder fehlt es an Visionen und Zielen, dann können Sie sich auf den Kopf stellen... ihr Vorhaben etwas zu ändern, wird womöglich kaum umsetzbar sein.

Wenn Mitarbeiter nicht ihr volles Potenzial ausschöpfen, weil sie passiv bleiben und nur darauf warten, dass alles vorgegeben wird, entsteht eine träge und wenig dynamische Arbeitskultur. Viele Führungskräfte fördern allerdings genau dieses Verhalten, durch ihren Führungsstil. Seltsam, oder?

Sobald jedoch Mitarbeiter aktiv mitdenken und handeln, können Führungskräfte besser agieren. Visionen werden geteilt und gelebt. Mitarbeiter werden von Kollegen unterstützt und Motivation ist kein Fremdwort mehr.

Um das zu erreichen, sollten Mitarbeiter natürlich nicht die Aufgaben der Führungskraft übernehmen. Aber sie können mit ihrem Verhalten entscheidend dazu beitragen, den Arbeitsalltag effizienter, respektvoller und produktiver zu gestalten.

Sind Sie Mitarbeiter und fragen Sie sich gerade, wie Sie Ihre Führungskraft dabei unterstützen können? Nun, dann habe ich einige Tipps – aber auch Hinweise - für Sie:

Offene Kommunikation

Für eine erfolgreiche Zusammenarbeit ist es unerlässlich, Klartext zu reden. Hören Sie auf, um den heißen Brei zu reden – auch in Ihrem Privatleben.

Wenn Sie Ihre Meinung, Vorschläge oder Bedenken offen ansprechen, schaffen Sie Transparenz. Bleiben Sie in jedem Fall möglichst sachlich. Emotionen haben bei diesen Themen keinen Mehrwert und verhindern das aktive Zuhören Ihres Gegenübers.

Oder anders gefragt: Würden Sie jemanden zuhören, der Ihnen unter Tränen, unter Lachen oder unter Wut eine Meinung unterbreitetet? Wohl kaum. Warum sollte es also Ihr Gesprächspartner tun?

Bleiben Sie sachlich, notieren Sie Gegenargumente und versuchen Sie, eine Lösung oder einen Kompromiss zu finden.

Verantwortung übernehmen

Oje. Ein Punkt, der für viele Menschen ein Fremdwort ist. Doch seien wir ehrlich: Arbeiten Sie gerne mit jemandem zusammen, der seine Aufgaben nie fertigstellt? Vermutlich nicht. Verantwortung zu übernehmen heißt, die zugetragenen und eigenen Aufgaben zuverlässig zu erledigen und für Fehler gerade zu stehen und daraus zu lernen (!).

Wenn jeder Mitarbeiter in einem Team, seine Verantwortung für die übertragenen Aufgaben vollumfänglich übernimmt, dann wird dadurch das gesamte Team gestärkt. Prozesse, die plötzlich fehlerhaft oder unklar sind, werden von jemand Verantwortlichen korrigiert und verbessert. Es wird ein transparenter Informationsfluss geschaffen und das Team erfährt eine vollumfängliche interne Unterstützung in allen Belangen.

Fangen Sie an, Verantwortung für Ihre Aufgaben zu

übernehmen. Sie werden erstaunt sein, welches Feedback Sie innerhalb von kürzester Zeit in Ihrem Team und womöglich bei anderen Abteilungen erfahren.

Kritik konstruktiv äußern

Auch an diesem Punkt scheitern leider viele. Kritik ist wichtig – ohne Kritik kann man sich nicht entwickeln oder verbessern. Allerdings kommt es sehr darauf an, **wie** sie geäußert wird. Kritik sollte nämlich ebenfalls NIEMALS mit Emotionen verpackt werden, sondern stets sachlich.

Am ehesten wird Kritik angenommen, wenn diese sachlich und mit einem konkreten Verbesserungsvorschlag formuliert wird. Beispiel:

„Mir ist aufgefallen, dass unsere Teammeetings oft länger dauern als geplant. Könnten wir ein Protokoll einführen und feste Zeitlimits setzen, um effizienter zu sein?"

Wie sie sehen, bedeutet Kritik nicht etwas zu kritisieren. Kritik bedeutet auf einen Umstand hinzuweisen und im besten Fall wirklich einen Lösungsvorschlag zu unterbreiten. Ob dieser Lösungsvorschlag dann der richtige ist, steht auf einem anderen Blatt Papier.

18.1 Was Mitarbeiter ausmacht

Seien wir uns ehrlich, wenn jeder Mitarbeiter Verantwortung übernehmen, nachfragen und mitdenken würde, dann wäre auch Ihr Arbeitsalltag ein gänzlich anderer und womöglich besserer, oder?

Die meisten Führungskräfte mögen es, wenn Mitarbeiter diese Verantwortung übernehmen und leben. Obwohl, ich kenne auch einige Führungskräfte, denen das Gegenteil lieber ist – doch Ausnahmen müssen die Regel bestätigen.

Wenn sich Mitarbeiter zurücklehnen und nur das Nötigste tun, so tun sie sich selbst, dem Team und der jeweiligen Führungskraft keinen Gefallen. Das bedeutet nicht, dass sich Mitarbeiter für alles verantwortlich fühlen müssen, aber ein bisschen Engagement kann Großes bewirken und den Unterschied ausmachen.

Grenzen setzen

Natürlich gibt es für Mitarbeiter Grenzen. Beispielsweise habe ich oft erlebt, dass einzelne Mitarbeiter plötzlich versuchen, die gesamte Führung bzw. deren Aufgaben zu übernehmen oder persönliche Grenzen ignorieren.

Eine gesunde Balance zwischen Eigeninitiative und Eigenverantwortung ist der Schlüssel für ein gesundes Arbeitsumfeld. Finden Sie diese Balance nicht, sollten Sie in Erwägung ziehen intern eine andere Position zu besetzen oder einen anderen Arbeitgeber zu finden.

Das Leben ist zu kurz für schlechte und nervenaufreibende Jobs. Halten Sie sich das stets vor Augen.

19 Zehn Gründe, warum es so bleiben kann, wie es ist

Die Angst vor Veränderung – auch Methatesiophobie genannt – ist eine spezifische Angststörung. Diese Angst hindert Menschen oft daran, etwas zu verändern, obwohl es besser und einfacher sein könnte. Für manche ist es nicht die Angst vor Fehlern, sondern die Angst vor sozialem oder beruflichem Erfolg, die sie davon abhält, notwendige Schritte zu unternehmen.

Deshalb suchen viele nach Ausreden, um an bestehenden Situationen nichts ändern zu müssen. Damit Sie nicht lange nach diesen Gedanken suchen müssen, habe ich eine Liste mit den Top-10-Ausreden erstellt, warum Sie als Unternehmer, Führungskraft oder Mitarbeiter nichts verändern sollten – und weiter unaufhaltsam auf den großen Eisberg zusteuern können.

1.   **Es funktioniert auch so.** Es ist zwar nicht optimal, aber ehrlich gesagt: Es könnte schlimmer sein.

2.   **Kritik vermeiden.** Indem Sie alles beim Alten lassen, geben Sie Ihren Kritikern – Kollegen, Freunden oder der Familie – keinen Grund, Sie anzugreifen. Sie tun nur das, was von Ihnen erwartet wird, und erschaffen sich so keine Feinde.

3.   **Ein Grund zur Reue.** Sie haben später etwas, das Sie an Ihrem Sterbebett bereuen können. Achtung: Könnte Sarkasmus enthalten.

4.   **Keine Anstrengung nötig.** Sie müssen sich nicht mit unangenehmen Herausforderungen wie Zeitaufwand, Konzentration, Durchhaltevermögen oder Selbstvertrauen auseinandersetzen – und das vielleicht sogar ohne Unterstützung.

5.   **Schuld abgeben.** Sie können sich irgendwann selbst bemitleiden und anderen die Schuld für Ihre Situation

geben, anstatt Verantwortung zu übernehmen und einen Plan zur Veränderung zu entwickeln.

6. **Sie sparen.** Als Unternehmer Geld, als Führungskraft Budget, als Mitarbeiter Energie und Nerven. Hätte die Menschheit schon immer nur gespart, würden wir heute noch in Höhlen sitzen – ohne Feuer.

7. **Keine neuen Wege.** Sie müssen keine neuen Pfade betreten oder entdecken. Sie haben Zeit für Altbewährtes und können mit einer stumpfen Säge weiterhin Bäume fällen.

8. **„Ich bin zu alt dafür."** Sie sollten sich schonen – vielleicht funktioniert es ja im nächsten Leben.

9. **„Ich bin zu beschäftigt."** Der Markt ist hart umkämpft, der Kollege sägt an Ihrem Stuhl, und zu Hause wartet eine hungrige Familie, die Ihre Ideen nicht versteht. Also lassen Sie es lieber. Sicher ist sicher.

10. **Sie leiden noch nicht genug!** Es klingt hart, aber

viele Menschen verändern sich erst, wenn der Schmerz unerträglich wird – sei es beruflich oder privat. Doch warum warten, bis es wehtut? Es geht auch einfacher.

Natürlich gibt es noch viele weitere Gründe, warum Menschen nichts verändern. Wenn das Umfeld keine Ausreden liefert, dann tut es der eigene Verstand. Kommen Ihnen diese Sätze bekannt vor?

- „Es ist nicht der richtige Zeitpunkt."

- „Ich hatte eine schwierige Kindheit."

- „Das bringt doch alles sowieso nichts."

- „Ich weiß nicht, wo ich überhaupt anfangen soll."

- „Ich habe keine Zeit dafür."

- „Ich kann das einfach nicht."

- „Es ist schwer."

- „Andere sind viel besser als ich."

- „Ich will nichts riskieren."

- „Ich warte lieber, bis jemand anderes den ersten Schritt macht."

- „Das haben wir schon immer so gemacht."

- „Was, wenn ich scheitere?"

Sätze, die Ihnen Ihr Verstand sofort zur Verfügung stellen kann, wenn Sie nur einen Grund suchen, eine Veränderung – vor allem im persönlichen Bereich – zu verhindern. Doch wie wäre es damit ...

„Sie dürfen nicht alles glauben,
was Sie denken."
– *Heinz Erhardt*

20 25 Gründe für Veränderung

Alles steht und fällt mit der Verantwortung. Werden Sie sich Ihrer eigenen Verantwortung bewusst.

Wenn Sie mit einer Situation nicht zufrieden sind, dann müssen Sie sich aufraffen und eine Änderung herbeiführen. Da wir Menschen so gestrickt sind, dass uns eher Gründe einfallen, etwas nicht zu tun, möchte ich Ihnen eine Liste zur Verfügung stellen, die Ihnen helfen soll, Änderungen anzustreben, sodass Sie Ihre Ziele erreichen.

1.   **Veränderung ist Teil des Lebens.** Veränderungen passieren jede Sekunde. Wenn Sie sie als Chance begreifen, übernehmen Sie aktiv die Kontrolle, statt passiv zu verharren.

2.   **Fehler sind Lernchancen.** Fehler zeigen Ihnen neue Wege. Sie haben genügend Zeit, Korrekturen

vorzunehmen und Veränderungen in Ruhe umzusetzen –
egal ob bei Projekten, Produkten oder Bewerbungen.

3.   **Sie verlassen Ihre Komfortzone.** Neue Aufgaben
und Herausforderungen erweitern Ihren Horizont und
lassen Sie Ihre Komfortzone täglich vergrößern.

4.   **Sie entwickeln eine eigene Meinung.** Statt sich
von gefilterten Informationen lenken zu lassen, lernen Sie,
Ihre eigene fundierte Sichtweise zu bilden.

5.   **Sie investieren in Ihre Lebenszeit.** Ihre Tage
bleiben zwar 24 Stunden lang, aber durch Tätigkeiten, die
Sie erfüllen, fühlt sich Ihre Zeit intensiver und wertvoller an.

6.   **Keine Reue mehr.** Es ist besser, etwas zu wagen, als
sich ewig zu fragen: „Was wäre, wenn …?"

7.   **Sie sind vorbereitet.** Veränderungen machen Sie
bereit für kommende Herausforderungen – Sie warten
nicht auf Wunder, sondern handeln.

8.   **Sie werden zufriedener.** Wer erkennt, dass jede Situation veränderbar ist, entwickelt Optimismus. Pessimisten werden in Ihrem Leben weniger Raum einnehmen.

9.   **Sie inspirieren andere.** Ihr Tatendrang wirkt ansteckend. Menschen, die Veränderung leben, gelten als innovativ. Führungskräfte werden als aufgeschlossen und vertrauenswürdig wahrgenommen.

10.   **Sie überlassen nichts dem Zufall.** Aktives Handeln verhindert, dass Chaos die Kontrolle übernimmt.

11.   **Sie vertrauen sich selbst.** Selbstvertrauen ist selten, aber unbezahlbar. Es ist die wichtigste Basis für nachhaltigen Erfolg.

12.   **Unerwartete Erfolge.** Sie erreichen Ziele, die früher undenkbar schienen, weil sich neue Chancen eröffnen.

13.   **Stolz auf Ihr Handeln.** Sie fühlen sich glücklich, weil Sie Dinge anders gemacht haben – und stolz darauf sind.

14. **Schluss mit Ausreden.** Sie brauchen keine Ausreden mehr, denn Sie handeln. Dadurch vermeiden Sie die Selbsttäuschung, die Ausreden oft mit sich bringen.

15. **Sie übernehmen Verantwortung.** Und mit ihr werden Sie zum Vorbild für andere.

16. **Sie steuern Ihr Leben.** Sie bestimmen, wohin Ihr Weg führt – in jedem Bereich.

17. **Sie leisten einen positiven Beitrag.** Ihre Veränderung wirkt nicht nur auf Sie, sondern kann die Welt ein Stück besser machen.

18. **Täglicher Stolz.** Sie brauchen niemanden mehr, der stolz auf Sie ist – Sie sind es selbst.

19. **Neue Perspektiven.** Sie gewinnen frische Sichtweisen. Andere Meinungen bereichern Sie, ohne Ihre Überzeugungen zu erschüttern.

20. **Sie entdecken den Sinn Ihres Lebens.** Wer

bewusst lebt und handelt, findet oft seinen eigenen Weg zum Glück.

21.   **Sie stärken Ihre Resilienz.** Jede Veränderung, die Sie meistern, macht Sie widerstandsfähiger gegenüber zukünftigen Herausforderungen.

22.   **Sie entdecken verborgene Talente.** Durch neue Erfahrungen können Sie Fähigkeiten in sich entdecken, von denen Sie vorher nichts wussten.

23.   **Sie verbessern Ihre Beziehungen.** Veränderungen fördern Kommunikation und Verständnis – sowohl privat als auch beruflich.

24.   **Sie setzen neue Impulse.** Veränderungen bringen frischen Wind in Ihr Leben und beugen Routine und Langeweile vor.

25.   **Sie entwickeln Selbstdisziplin.** Veränderung erfordert Durchhaltevermögen – eine Eigenschaft, die Sie langfristig erfolgreicher macht.

Veränderung kann zum Erfolg führen – oder zum Scheitern, wenn sie falsch umgesetzt wird. Nicht nur mangelnde Initiative, sondern auch unüberlegte Entscheidungen, schwache Führung und fehlende Verantwortung können Unternehmen in den Abgrund treiben.

Im nächsten Kapitel erfahren Sie, wie man ein Unternehmen in zehn Schritten gezielt ruinieren kann. Was zunächst provokant klingt, bietet Ihnen wertvolle Einblicke in fatale Fehler, die Sie als Führungskraft unbedingt vermeiden sollten. Lernen Sie daraus, wie wichtig bewusste und verantwortungsvolle Führung ist – und wie Sie Ihr Unternehmen vor typischen Stolpersteinen schützen können.

21 Wie Sie jede Firma in zehn Schritten zerstören

Jedes Unternehmen lässt sich in wenigen Schritten gegen die Wand fahren und wird als bankrott erklärt oder von einem größeren und „besseren" Unternehmen übernommen.

Wobei sich „besseres Unternehmen" auf die Finanzlage und nicht auf Service, Dienstleistung oder Produkt bezieht.

Je nachdem, wie konsequent diese Schritte ausgeführt werden, kann die Zeitleiste dieses Unterfangens recht kurz (wenige Wochen) oder länger ausfallen (mehrere Jahre). Doch mit der entsprechenden Beständigkeit führt sie definitiv zum (Miss-)Erfolg.

Bitte beachten Sie, dass die nachfolgenden Tipps in diesem Kapitel mit einer Prise Sarkasmus versehen sind.

Schritt 1 – Lagern Sie so viele Bereiche wie möglich aus

Ich habe es bereits erwähnt: Je mehr Know-How Sie intern demontieren und durch externe Dienstleister ersetzen, desto niedriger wird die Motivation der noch verbliebenen Mitarbeiter.

Außerdem bietet die Implementierung eines Auslagerungsprozesses die Gelegenheit, bereits überarbeitete Mitarbeiter mit noch mehr Aufgaben und Verantwortlichkeiten zu beladen.

Immerhin muss der externe Dienstleister wissen, welche Aufgaben, Systeme oder Schnittstellen er künftig zu betreuen hat. Dieses Wissen muss im ersten Schritt von internen Know-how-Trägern vermittelt werden.

Achten Sie in diesem Zusammenhang darauf, dass die Kompetenzübergabe möglichst in der regulären Arbeitszeit Ihrer Mitarbeiter stattfindet. Immerhin sollen keine unnötigen und teuren Überstunden generiert werden.

Schritt 2 – Installieren Sie externe Berater

Nichts ist so angesehen wie die Kompetenz eines Beraters. In Unternehmenskreisen wiegt diese Kompetenz oft mehr als die von langjährigen Mitarbeitern.

Dies sollten Sie sich zunutze machen. Machen Sie sich auf die Suche nach externen Beratern und starten Sie so viele interne (oder auch externe) Projekte wie möglich. Was früher ein Projekt eines internen Teams von Marketing oder Produktentwicklung war, wird fortan von einem externen Berater gesteuert, gemanagt und selbstredend nicht verantwortet.

Bei Misserfolg des Projekts sollte dies dem eingebundenen Team zugeschrieben werden. Bei Erfolg des Projekts Ihnen als vorausschauender Unternehmer.

Es ist wichtig, dass Sie diese flexible und verantwortungsbewusste Rolle als Unternehmer bis zum

Ende verschleiern. Denn nur so können Sie die Kreativität, Motivation und Zielstrebigkeit des jeweiligen Teams hochhalten. Dem externen Berater sollte dies nicht sauer aufstoßen, da sein Zutun sowieso durch seine alleinige Anwesenheit bereits bezahlt wird.

Schritt 3 – Fragen Sie! So oft wie möglich

Sie fragen sich jetzt vielleicht: „Was soll ich als Vorgesetzter fragen?"

Wenn Sie als Vorgesetzter eine Frage an Ihre Mitarbeiter stellen, dann gilt das ungeschriebene Gesetz, dass diese Frage auf Biegen und Brechen beantwortet werden muss, denn Sie sind ja der Chef.

Fragen sind ein schönes Mittel, um beschäftigte Menschen aus dem Konzept zu bringen. Sie sind auch ein gutes Mittel, um mehr Aufgaben zu erzeugen und Chaos zu stiften. Außerdem müssen Fragen, die Sie als Unternehmer stellen, nicht unbedingt eine Erwartungshaltung erzeugen. Was Sie mit den Antworten oder dem jeweiligen Feedback machen, bleibt Ihnen überlassen. Also: Fragen Sie.

Ich gebe Ihnen dazu gerne ein Beispiel: Mitarbeiterzufriedenheitsumfragen.

Das Wort allein löst bei manchen Führungskräften Angstschweiß aus, denn ist das Ergebnis zu schlecht, so sollte es nie – und ich meine nie – an den Chef kommuniziert werden. Das wäre fast so, als würde berichtet werden, dass kein Gewinn erwirtschaftet wurde. Welcher Chef will schon solche Nachrichten bekommen?

Ist das Ergebnis der MZU (Mitarbeiterzufriedenheitsumfrage) zu gut, dann ist die Frage berechtigt, ob die Führungskraft als Führungskraft überhaupt geeignet ist. Die Firma ist schließlich kein Ponyhof. Zu gut gelaunte Teams oder zu zufriedene Mitarbeiter stehen vielen Vorhaben im Weg. Eine Organisationsstruktur kann nicht umgekrempelt werden, wenn alles wie am Schnürchen läuft. Ergibt Sinn, oder?

Also bedienen Sie sich der MZU. Sie haben damit ein Werkzeug an der Hand, mit dem Sie Ihre Fortschritte messen und weitere Vorhaben bequem steuern können. Ich empfehle, eine MZU regelmäßig durchzuführen. Als optimaler Zeitabstand hat sich eine Befragung von zwei bis max. vier Monaten bewährt.

Ihre Mitarbeiter werden anfangs noch voller Erwartungen und der Möglichkeit, Feedback zu geben, die MZU brav ausfüllen. Je weniger Sie dann mit dem Ergebnis, vor allem mit Verbesserungspunkten und Kritik machen, desto wirkungsvoller sind die nachfolgenden MZUs.

Dies empfiehlt sich sowohl für Unternehmen als auch für Kunden. Fragen Sie Ihre Kunden, was sie von Ihren Produkten und Dienstleistungen halten. Geben Sie die Möglichkeit von Textfeldern, Sternebewertungen und Schulnotensystemen.

Sammeln Sie diese Daten durch unterschiedlichste Kanäle, Teams und Meetings. Nach einem kompletten Durchlauf, der allen Beteiligten zumindest Zeit gekostet hat, machen Sie: nIchts.

Schritt 4 – Geben Sie Raum zum Reden

Wenn Sie Schritt 3 erfolgreich implementiert haben und laufend praktizieren, dann sollten Sie einen Raum zum Reden installieren. Wichtig ist in diesem Fall der Wortlaut. Geben Sie Ihren Mitarbeitern einen Raum zum Reden, aber keinen Raum zum Mitreden. Denn das ist, wie wir bereits wissen, ein großer Unterschied.

Ein Raum zum Reden – klingt simpel, ist es auch.

Wie Sie diesen Raum aufsetzen, bleibt Ihnen oder Ihren Führungskräften überlassen. Es gibt lediglich eine Regel: **Nehmen Sie die Punkte Ihrer Mitarbeiter mit.**

Soll heißen, wenn Kritik, Verbesserungen oder unbequeme Fragen von Ihren Mitarbeitern geäußert werden, dann gehen Sie nicht in den Verteidigungs- oder Aufklärungsmodus. Das würde nur den Anschein erwecken, dass Sie als Unternehmer bzw. Ihre Führungskräfte eine Fehlentscheidung getroffen haben. Diesen Anschein möchten wir weder erwecken noch diesem einen Raum zum Atmen geben.

Also: Nehmen Sie den jeweiligen Punkt einfach mit.

Mitarbeiter können vertröstet werden. Sie sind Ihnen keine sofortige Antwort schuldig. Sie sind immerhin nicht vor Gericht – wobei auch dort eine sofortige Antwort nicht gegeben werden muss.

Folgende Floskeln haben sich in diesem Zusammenhang bewährt:

- Das ist ein sehr guter Einwand. Wir werden das im Management noch mal genauer betrachten.

- Diese Information ist mir aktuell neu. Wir sollten diesen Punkt im nächsten Projekt-Meeting besprechen.

- Wir stehen für alle Fragen zur Verfügung und versuchen, so viele Antworten wie möglich zu geben. Was wir nicht gleich beantworten können, nehmen wir mit und liefern die Antworten nach.

- Dieses Thema kommt mir bekannt vor, allerdings bin ich über das Projekt nicht vollumfänglich informiert. Wir sollten einen kurzen Austausch mit der Projektleitung anstreben.

Sie sehen, mit etwas Zeit und Fantasie können Sie allen Punkten die Stirn bieten, sollte das eine oder andere Mitarbeiterfeedback Ihre Kompetenz infrage stellen.

Schritt 5 – Zahlen. Bitte noch mehr Zahlen

Ein Business-Case ist ein bewährtes Mittel, um festzustellen, ob sich der Aufwand gegenüber einer Idee bezahlt macht oder nicht. Dieser Ansatz existiert seit dem 20. Jahrhundert und hat viele Erfindungen und Verbesserungen der Menschheit erfolgreich verhindert.

Stellen Sie sich vor, man hätte sich vor der Erfindung des Automobils oder des Flugzeugs mit einem Business-Case auseinandersetzen müssen. Sogar ein Personal Computer (PC) wäre an dieser Berechnung gescheitert. Nichtsdestotrotz kann ein Business-Case für viele Projekte verlangt werden, insbesondere, wenn sie hinausgezögert oder vermieden werden sollen.

Um etwaigen Verbesserungen oder Entwicklungen in Ihrem Unternehmen Einhalt zu gebieten, sollten Sie so schnell wie möglich die Pflicht eines positiven Business-Case-Ergebnisses einführen.

Das Gute an einem Business-Case ist, dass Sie dessen Basis zur Berechnung jederzeit selbst infrage stellen können. Wenn also ein Business-Case eines Projekts trotz aller Auflagen ein positives Ergebnis auswirft, dann haben Sie nach wie vor die Macht und Möglichkeit, dies trotzdem abzulehnen. Aus Gründen der Unwirtschaftlichkeit, versteht sich.

Übrigens können Sie alle möglichen Zahlen erfragen und verlangen. Hinterfragen Sie beispielsweise die durchschnittliche Gesprächsdauer in Ihrem Callcenter, wenn Sie eines betreiben. Hinterfragen Sie, so oft es geht, warum die Gespräche beispielsweise fünf anstatt drei Minuten dauern. Hinterfragen Sie Anrufgründe. Ebenfalls beliebt: Was sind die Themen, warum uns Kunden kontaktieren oder besuchen?

Lassen Sie Ihrer Fantasie freien Lauf. Hauptsache, Ihre Führungskräfte und deren Teams verbringen die wertvolle Arbeitszeit mit der Aufbereitung der Daten und der

Beantwortung Ihrer Fragen.

Schritt 6 – Kreieren Sie Motivations Slogans und -ziele

Um neuen Schwung in Ihr Unternehmen zu bringen, sollten Sie in weiterer Folge auf Motivation bauen. Da wir in diesem Ansatz keine Motivationssteigerung verfolgen, zeige ich Ihnen, wie mit Motivations Slogans und -zielen die Fremdmotivation infrage gestellt und bestenfalls auf ein Minimum reduziert wird.

Fangen wir von vorne an: Wenn Mitarbeiter gerne in Ihrem Unternehmen arbeiten, dann bringen Sie eine gewisse Eigenmotivation mit sich. Je höher diese ausfällt, desto mehr wird sich der Mitarbeiter engagieren. Das kann sogar so weit gehen, dass diese ihre Freizeit opfern und/oder unentgeltlich für Sie arbeiten.

Das Gute an dieser hohen Eigenmotivation ist, dass die Mitarbeiter Ihre Auflagen, Regeln und Anweisungen nicht infrage stellen werden. Im Gegenteil, sie werden diese sogar verteidigen.

Diese hohe Eigenmotivation haben allerdings nicht viele Ihrer Mitarbeiter. Der Großteil hat etwas bis wenig, und um diese Gruppe sollten wir uns kümmern.

Eine Fremdmotivation kann am besten minimiert werden, wenn Sie etwas über diese Motivation bzw. deren Ziele stellen. Es wäre allerdings unklug, wenn Sie Ihr angestrebtes Umsatzziel über die Motivation Ihrer Mitarbeiter stellen – wobei ich dies auch erlebt habe.

Etwas versteckter ist der Ansatz, die Zufriedenheit des Kunden über die Motivation Ihrer Mitarbeiter zu stellen. So agieren Sie im Interesse des Kunden und das wird ja kaum von jemandem infrage gestellt, oder?

Der britische Unternehmer und Gründer Richard Branson meinte einmal: „Kunden stehen nicht an erster Stelle. Deine Mitarbeiter stehen an erster Stelle. Wenn du auf deine Mitarbeiter achtest, werden sie auf deine Kunden achten."

Wie wahr. Doch wie der Titel des Kapitels zeigt, geht es nicht darum, ein Unternehmen aufzubauen, richtig? Also machen Sie es umgekehrt. Stellen Sie den Kunden an die erste Stelle. Er ist immerhin der, der Ihr Gehalt und letztendlich auch das Gehalt Ihrer Mitarbeiter bezahlt. Also kann dieser Kunde ebenso an erster Stelle stehen und jegliche Priorität bekommen, die er sich selbst – z. B. über soziale Medien und/oder Beschwerden – einräumt.

Wenn Sie nun den Kunden auf diese Stufe hochgehoben haben, dann müssen Sie ein Motivationsziel und, wenn möglich, einen passenden Slogan implementieren. Wie wäre es damit:

„Wir arbeiten Tag für Tag für die Verbesserung der Kundenzufriedenheit. Diese Zufriedenheit ist unser Antrieb."

Oder etwas persönlicher:

„Jeder Kundenkontakt motiviert mich dazu, mein Bestes zu geben. Unzufriedene Kunden werden von mir persönlich betreut."

Der Vorteil solcher Motivations Slogans und -ziele ist, dass diese unternehmensweit ausgestreut werden können. Jeder Mitarbeiter wird die Slogans verinnerlichen und seine eigene Überzeugung – beispielsweise, warum der jeweilige Aufgabenbereich Spaß macht – infrage stellen. Gekoppelt mit allen zuvor erwähnten Punkten, haben Sie so ein wirkungsvolles Instrument an der Hand, um nachhaltig zu scheitern.

Glauben Sie nicht? Keine Sorge, ich habe noch vier weitere Punkte in petto.

Schritt 7 – Informationen – Überfluss und Defizit

Der Dreh- und Angelpunkt in Unternehmen sind sowohl das Verteilen von Informationen als auch deren

Zurückhalten. Wenn Sie möglichst schnell Misstrauen erzeugen möchten, so verteilen Sie wichtige Informationen nur an ausgewählte Personen. Wenn Sie sich damit nicht anfreunden können, dann üben Sie sich in der 2-Seiten-Informationspolitik: Eine Gruppe bekommt umfangreiche Informationen, eine andere wenig bis modifizierte Informationen.

Sie werden erstaunt sein, wie Informationspolitik das Vertrauen in Kollegen und in ein Unternehmen beeinflussen kann. Das funktioniert besonders gut mit Gerüchten.

Prof. Dr. Kruse hat dies bereits in seinem Vortrag „8 Regeln für den totalen Stillstand" erläutert:

„Streuen Sie Gerüchte und lassen Sie diese durch die bestehenden Kommunikationskanäle laufen."

Je mehr Gerüchte Sie in die Welt setzen, umso besser. Der Vorteil von Gerüchten ist, dass die ursprünglichen Quellen nur schwer auszumachen sind. Seien Sie kreativ und erfreuen Sie sich an der internen Kommunikation Ihrer Mitarbeiter.

Schritt 8 – Deinstallieren Sie ausgebildete Führungskräfte

Dieses Buch hat Ihnen nun viele Vorteile, aber auch erhebliche Nachteile einer Führungskraft aufgezeigt. Jetzt stellt sich die Frage: Warum nicht gleich auf diese Gruppe verzichten?

Warum auch nicht? Als Unternehmer müssen Sie keine Führungskräfte installieren, die Ihre Teams und Mitarbeiter führen. Es können genauso gut Pseudo-Führungskräfte installiert werden, die durch die Kompetenz der Ausbildung der Verantwortung einer Führungskraft in nichts nachstehen. Wenn Sie das auch so sehen, dann haben Sie diesen Punkt bereits verstanden.

Führungskräfte sind im Grunde genommen nur ein Budgetposten. Weshalb also unnötig Zeit und Geld in die Suche und Ausbildung einer verantwortungsbewussten Führungskraft investieren, wenn es auch ein x-beliebiger Mitarbeiter übernehmen kann?

Wenn wir ehrlich sind, was sind schon die Aufgaben einer Führungskraft? Machen wir doch dazu einen kurzen Ausflug ins Tierreich. Kennen Sie Führungskräfte im Tierreich? Nein? Eben.

Es gibt Alphatiere, die andere Artgenossen im Zaum halten. So müssen Sie künftig Ihre Pseudo-Führungskräfte sehen.

Beispielsweise bei Pinguinen: Springt einer ins Wasser, werden alle anderen der Gruppe folgen. Niemand stellt sich die Frage, ob es in dem Augenblick korrekt ist oder nicht. Nachlaufen und hinterherspringen ist die Devise.

Die Aufgabe Ihrer neuen Pseudo-Führungskräfte ist es, genau dieses Verhalten in den zugehörigen Teams auszulösen.

Nachdem es keine entsprechende Ausbildung für die Kommunikation mit Mitarbeitern gibt, können Sie darauf vertrauen, dass die Teamstimmung und Teamzusammengehörigkeit früher oder später erfolgreich in Mitleidenschaft gezogen werden.

Schritt 9 – Machen Sie es zu einem Projekt

Im Management ist bekannt: Soll etwas vorangebracht werden, dann müssen Projekte initiiert werden. Projekte bieten einen wunderbaren Raum, möglichst viele Mitarbeiter mit neuen Aufgaben zu den bereits bestehenden zu betrauen. Zudem vermitteln Projekte den Anschein, dass alles Mögliche getan wird, um den derzeitigen Status zu verbessern. Somit wird diese Handlung und Entscheidung ebenfalls kaum jemand infrage stellen.

Allerdings werden ein oder zwei Projekte nicht den gewünschten Effekt erzielen. Operative Hektik wird nur durch eine Vielzahl an Projekten sichergestellt. Binden Sie Schlüsselpersonen in mindestens fünf Projekte ein. Je mehr, desto besser.

Halten Sie zudem die Projektlaufzeiten unterschiedlich hoch. Einige Projekte sollten eher kurzfristig und wichtig gestaltet sein (ca. 3–4 Monate), andere wiederum langfristig und für etwas Großes stehen (12 Monate oder mehr).

Vor allem Systemumstellungen bieten sich für diese Art von Projekten an. Sie wissen nicht, welche Systeme? Wie wäre es mit Kundenverwaltungs- oder Verrechnungssystemen? Schon allein die Thematik von Kunden- und Rechnungsnummern kann Projekte aufblasen und Mitwirkende in den Wahnsinn treiben.

Da bei Projekten ziemlich sicher etwas schiefgehen wird –

egal, ob kalkuliert oder nicht –, sollten Sie daneben viel Zeit und Energie in die Ursachenfindung investieren. Natürlich nicht Sie als Person, sondern diese Aufgabe obliegt Ihrem Führungs- und Projektteam, in dessen Verantwortlichkeit das Projekt letztendlich lag.

Schritt 10 – Lügen Sie

Wenn Mitarbeiter oder Kunden das Spiel durchschauen und Sie mit der Zeit zur Rede stellen, dann lügen Sie. Lügen Sie, bis sich die Balken biegen. Selbst wenn die Beweise auf dem Tisch liegen und die Tatsache nicht mehr zu leugnen ist: Lügen Sie!

Mit Lügen hat schon mancher seinen Kopf aus der Schlinge ziehen können. Wie ich zu Beginn erwähnt habe: Lügen gehören zu unserem Alltag. Die Wahrheit will kaum jemand hören, selbst wenn er diese vehement einfordert. Mit einer Lüge machen Sie es sich selbst und Ihren

Mitmenschen bedeutend einfacher.

Auf Google finden Sie mit der Frage „Wie lügt man glaubwürdig?" über 1.480.000 Ergebnisse. Es gibt also eine gewisse Nachfrage zu diesem Thema. Ob mich die Aussage „Lügen liegt in der Natur des Menschen" allerdings dahin gehend beruhigen soll, weiß ich leider selbst nicht.

Sie sehen, ein Unternehmen zu zerstören, benötigt wenige Seiten. Ein Unternehmen hingegen nachhaltig und zukunftssicher aufzubauen, benötigt viel mehr Papier, Zeit und Empathie. Anders ausgedrückt: Der leichtere Weg ist nicht immer der bessere.

22 Inspiration und Positivität

In den letzten 20 Kapiteln haben Sie nun einen groben Überblick erhalten, wie schlechte und inkompetente Führung sich auf Ihr Leben, auf Unternehmen und auf Mitarbeiter auswirken kann. Ich möchte das Buch jedoch nicht nur dafür nutzen, den Scheinwerfer auf negative Aspekte zu lenken, sondern ebenso aufzeigen, was mit einer guten Führung möglich ist.

Eine gute Führung, die Menschen inspiriert und entwickelt ist nicht nur ein Wunschdenken, sondern durchaus Realität. Ich habe einige Beispiele von Menschen und Unternehmen gesammelt, die beweisen, dass Vertrauen, Respekt und Weitsicht nachhaltigen Erfolg bringen kann.

Die Rettung von Nokia (2010)

Ich hatte Nokia bereits als Beispiel für eine suboptimale

Führung angeführt. Sie erinnern sich? Nokia verlor nach einer Phase einer schlechten Führung den Anschluss an den Smartphone-Markt. Das Unternehmen stand aufgrund diverser Fehlentscheidungen kurz vor dem Zusammenbruch.

Durch neue Führungskräfte, die klare Strategien, mutige Entscheidungen und konsequentes Umdenken mitbrachten, konnte Nokia gerettet werden. Der Fokus wurde auf Kooperationen gesetzt und Entwicklungen mit neuen Technologien brachten Nokia wieder auf einen zukunftsorientierten Kurs, indem es sich auf Netzwerk- und Kommunikationslösungen konzentrierte.

Ohne klare Ziele, den Mut zur Veränderung und einer unternehmensweiten Zusammenarbeit über alle Abteilungen hinweg, wäre dieses Vorhaben nicht möglich gewesen.

Patagonia

Die Geschichte von Patagonia ist ein weiteres beeindruckendes Beispiel dafür, wie werteorientierte Führung nicht nur den Unternehmenserfolg sichert, sondern auch einen positiven Einfluss auf die gesamte Welt haben kann. Patagonia ist ein Outdoor-Bekleidungsunternehmen, das vor der Herausforderung stand, wirtschaftlichen Erfolg mit sozialer und ökologischer Verantwortung zu vereinen.

Die Branche selbst ist eher für Massenproduktion bekannt, die frage, die sich also stellte, war: Wie kann man auf nachhaltige Werte setzen und wettbewerbsfähig bleiben?

Durch eine radikale Neuausrichtung des Unternehmens setzte man auf recycelte Materialien, kommunizierte transparent Fehler und Erfolge, sowie Ansätze, um die Produktion zu verbessern. Mitarbeiter wurden ermutigt, eigenverantwortlich und kreativ zu arbeiten.

Dadurch entstand eine der vertrauenswürdigsten Marken weltweit. Durch den Fokus auf Nachhaltigkeit konnte der Umsatz gesteigert werden und Kunden schätzen die Werte des Unternehmens und identifizieren sich mit der Marke.

Sie sehen, dass werteorientierte Führung nicht nur moralisch richtig ist, sondern auch wirtschaftlich erfolgreich sein kann. Dabei ist Kommunikation der Schlüssel, um Glaubwürdigkeit und Vertrauen aufzubauen. Haben Sie den Mut, Ihre Mitarbeiter kreativ und unabhängig arbeiten zu lassen. Denken Sie langfristig, um sich so von Ihrem Wettbewerb abzuheben.

Jürgen Klopp und FC Liverpool

Mein letztes Beispiel für herausragende Ergebnisse unter einer beeindruckenden Führung betrifft den Fußballtrainer Jürgen Klopp und den FC Liverpool. Jürgen Klopp wurde 2015 Trainer des FC Liverpool und stand wahrlich vor einer schwierigen Situation. Das Team hatte keine nennenswerten Titel vorzuweisen, das Team war demoralisiert und die Fans waren frustriert.

Es galt also nicht, nur sportliche Erfolge zu erzielen, sondern ebenso das Vertrauen und die Begeisterung von Team und Fans zurückzugewinnen.

Dabei setzte Jürgen Klopp auf einen ganzheitlichen Führungsansatz, der die sportliche als auch die menschliche Ebene berücksichtigte. Durch klare Kommunikation erklärte Klopp sein Konzept und schuf eine Vision. Gepaart mit hartem Einsatz, absoluter Hingabe und Teamgeist.

Klopp setzte sich mit jedem Spieler individuell auseinander. Er analysierte Stärken und Schwächen und gab individuelle Rückmeldungen. Dadurch ermöglichte er es, dass die Spieler ihr Potenzial erkannten und ausschöpften. Wenn jemand sein Potenzial erkennt, dann übernimmt man auch

Verantwortung dafür. Klopp schuf ein Umfeld, in dem Spieler sich auf ihre Teamkameraden verlassen konnten – ein vollumfänglicher Teamgeist wurde geboren.

Doch die wichtigste Person in diesem ganzen Szenario war wohl Jürgen Klopp selbst, der sich stets als emotional, leidenschaftlich und ehrlich präsentierte. Diese Haltung und dieses Auftreten inspirierte sein Team und schuf Vertrauen.

Der Rest ist fast Geschichte. Der FC Liverpool gewann 2019 die Champions League und 2020 die englische Meisterschaft – nach 30 Jahren ohne Titel oder nennenswerte Erfolge.

Der Verein wurde zu einer Einheit, in dem Spieler, Fans und Verantwortliche an einem Strang ziehen. Dadurch hat sich der FC Liverpool zu einem der erfolgreichsten und respektiertesten Vereine der Welt etabliert.

Durch Führung auf Augenhöhe, gepaart mit einer klaren

Vision und echtem Engagement kann man Teams zu außergewöhnlichen Leistungen führen. Halten Sie sich deshalb vor Augen, dass Menschen immer besser arbeiten, wenn sie wissen, wofür sie es tun. Erkennen Sie, dass individuelle Stärken in jeder Person schlummern – erkennen Sie es und nutzen Sie es.

Doch das wohl Wichtigste ist, dass Sie authentisch bleiben. Vertrauen kann nur dann entstehen, wenn Führungskräfte echt und ehrlich sind. Das ist niemals eine Schwäche.

23 Erfolgreiche Fußballtrainer

Um auf die eingangs gestellte Frage zurückzukommen: Wem verdanken erfolgreiche Fußballtrainer ihren Erfolg? Die Antwort liegt auf der Hand.

Erfolgreiche Fußballtrainer sind vor allem eines: **visionäre Führungskräfte**. Sie verfolgen ein **klares Ziel** – kein Sammelsurium von Zielen, sondern eine klare Richtung, die sie einfach, verständlich und konsequent an ihr Team kommunizieren. Diese Zielstrebigkeit ist das Fundament ihres Erfolgs.

Doch damit nicht genug. Ein erfolgreicher Trainer kennt die **Stärken** und **Schwächen** jedes einzelnen Spielers. Er weiß genau, welche Aufgaben er wem anvertrauen kann – und welche nicht. Dieses gezielte Einsetzen von Fähigkeiten schafft ein Team, das sich aufeinander verlassen kann. Das Ergebnis: ein tiefes **Vertrauen** in den Trainer und gleichzeitig ein gestärktes **Selbstvertrauen** jedes Spielers in die eigene Leistungsfähigkeit.

Fehler werden nicht als Niederlage betrachtet, sondern als **Lernchance** – als ein Schritt auf dem Weg zur perfekten Strategie. Diese Sichtweise motiviert das Team, an sich zu arbeiten und sich kontinuierlich zu verbessern.

Wenn ein Trainer seine **Leidenschaft**, sein **Selbstvertrauen** und sein **Vertrauen** in das Team authentisch lebt, überträgt sich diese Haltung auf jede einzelne Person im Team. Daraus entsteht eine Kultur der **Motivation**, **Zielstrebigkeit** und **Zufriedenheit**.

Doch der Schlüssel zum Erfolg liegt nicht allein in der Leidenschaft, sondern in der Fähigkeit, jedes Teammitglied individuell zu **fördern** und zu **fordern**. Jedes Teammitglied benötigt seine eigene Entwicklung und gezielte Unterstützung. Dabei ist es unerlässlich, ein Gespür dafür zu entwickeln, wer das Vorhaben aktiv unterstützt und wer möglicherweise blockiert.

Klare Kommunikation und eine **durchdachte Strategie** sind unverzichtbar – und diese Verantwortung liegt zu 100 Prozent bei der Führungskraft. Vertrauen Sie nicht blind jedem selbst ernannten Experten. Orientieren Sie sich an authentischen Führungspersönlichkeiten, denn das Rad muss nicht immer neu erfunden werden.

Die Parallelen zwischen erfolgreichen Fußballtrainern und Führungskräften in Unternehmen sind offensichtlich: Es geht um **Verantwortung**. Nicht der Drang nach Geld, Macht oder Konkurrenzkampf steht im Vordergrund, sondern der Wunsch, gemeinsam mit dem Team **Großes zu erreichen**.

Bildung, **gegenseitiges Vertrauen** und der Wille, sich weiterzuentwickeln, sind die Basis für herausragende Leistungen – ob auf dem Spielfeld, bei bahnbrechenden Erfindungen oder in erfolgreichen Unternehmen.

Seien Sie der **Fußballtrainer**, wenn es darum geht, klare Ansagen zu machen und Ihr Team sicher durch herausfordernde Situationen zu führen. Seien Sie die **Führungskraft**, wenn es darauf ankommt, Ihr Unternehmen in eine erfolgreiche Zukunft zu lenken.

Denn der Weg zum Erfolg ist kein Sololauf – es ist ein Zusammenspiel vieler Talente, das mit **Leidenschaft**, **Strategie** und **Verantwortung** zum Ziel führt.

24 Manifest: Die Essenz guter Führung

Führung ist kein Privileg, sondern eine Verantwortung. Wie schlechte Führung aussieht, haben Sie in den vergangenen Kapiteln erfahren dürfen. Gute Führung hingegen verlangt Klarheit, Menschlichkeit und Mut. Sie ist keine Einbahnstraße, sondern ein ständiges Zusammenspiel aus Vertrauen, Kommunikation und gegenseitigem Respekt. Dieses Manifest fasst die Essenz guter Führung zusammen:

- **Verantwortung übernehmen:** Gute Führung beginnt bei Ihnen selbst. Sie sind Vorbild, Wegweiser und Unterstützer zugleich. Nehmen Sie diese Rolle mit Entschlossenheit an.

- **Menschlichkeit bewahren:** Führung bedeutet, den Menschen hinter seiner Rolle und Aufgabe zu sehen. Respektieren Sie die Stärken und Schwächen Ihres Teams und fördern Sie individuelle Potenziale.

- **Klare Kommunikation:** Klare Worte schaffen Vertrauen. Ihre Kommunikation sollte immer offen, ehrlich und lösungsorientiert sein. Nichts anderes.

- **Fehler akzeptieren:** Fehler sind keine (!) Niederlagen, sondern Lernschritte. Akzeptieren Sie sie als Teil des Wachstumsprozesses – sowohl bei sich selbst als auch bei anderen. Hören Sie auf, mit dem Finger auf andere zu zeigen, und fragen Sie sich stattdessen: Was kann man nun daraus lernen?

- **Veränderungen wagen:** Gute Führung bleibt niemals stehen. Sie ist flexibel und bereit, sich neuen Herausforderungen anzupassen.

- **Visionen teilen:** Teilen Sie Ihre Ziele, um eine gemeinsame Vision und Motivation zu schaffen. Inspirierte Teams arbeiten effektiver.

- **Integrität zeigen:** Halten Sie Ihre Versprechen und stehen Sie zu Ihren Entscheidungen. Vertrauen entsteht ausschließlich durch Glaubwürdigkeit.

- **Gemeinsam stark:** Denken Sie daran: Erfolg entsteht nicht durch Einzelne, sondern durch das Zusammenspiel eines Teams. Schaffen Sie Raum für Kooperation und gegenseitige Unterstützung.

Das Ziel guter Führung ist nicht, alleine zu gewinnen oder ins Rampenlicht zu stellen, sondern gemeinsam Großes zu erreichen. Ob als Unternehmer, Führungskraft oder Mitarbeiter – es liegt an uns, eine Arbeitswelt zu gestalten, die durch Vertrauen, Respekt und Verantwortung geprägt ist. Seien Sie Teil dieser Veränderung. Alles andere hatten wir schon.

Führung ist nicht leicht – aber sie ist es wert.

Ich wünsche Ihnen für Ihre Zukunft

viel Erfolg und vor allem viel Mut.

Ronny Kühn

25 Dank

Dieses Buch ist in unzähligen Stunden entstanden – getragen von meinen persönlichen Erfahrungen, Herausforderungen und Begegnungen mit den unterschiedlichsten Menschen. Jeder einzelne Moment sei er schmerzhaft, lehrreich oder inspirierend gewesen, hat mich zu dem Menschen und Autor gemacht, der ich heute bin.

Mein besonderer Dank gilt meiner Lebensgefährtin, die mich in jeder Phase dieses Projekts begleitet hat. Sie hat an mich geglaubt, als ich selbst gezweifelt habe. Ohne ihre unermüdliche Unterstützung, ihre Geduld und ihre Liebe würde ich wahrscheinlich immer noch darüber nachdenken, wie es wohl wäre, ein Buch zu schreiben. Sie hat mir den Mut gegeben, meine Gedanken zu Papier zu bringen und meine Stimme zu erheben.

Ebenso danke ich dem Lektorat, das mein Buch mehrfach

mit großer Sorgfalt korrigiert und mir dabei hilfreiche Inputs gegeben hat. Die Anregungen und die konstruktive Kritik haben maßgeblich dazu beigetragen, dieses Buch in seiner jetzigen Form zu gestalten. Dieses Engagement und die Aufmerksamkeit für jedes Detail schätze ich sehr.

Mein Dank gilt auch all den Führungskräften und Pseudo-Führungskräften, denen ich in meiner fast 30-jährigen beruflichen Laufbahn begegnet bin. Eure Entscheidungen, euer Handeln – ob fair, inspirierend oder manipulativ – haben mich geprägt. Ihr habt mir gezeigt, was gute Führung bedeutet, und gleichzeitig offengelegt, welche Fehler vermieden werden sollten. Ohne diese Erfahrungen hätte ich niemals die Grundlage für dieses Buch gehabt.

Ich danke den Menschen, die mich durch ihre Kritik, ihre Herausforderungen und ihre Widerstände wachsen ließen. Und ich danke jenen, die mich durch ihre Wertschätzung, ihr Vertrauen und ihre Unterstützung in schwierigen Zeiten gestärkt haben.

Nicht zuletzt danke ich auch meinem Leben selbst – mit all seinen Höhen und Tiefen. Die Herausforderungen, die mich an meine Grenzen gebracht haben, waren es, die mich stärker gemacht haben. Sie haben mich gelehrt, dass es sich lohnt, für sich selbst einzustehen und nicht den leichten Weg zu wählen.

Dieses Buch ist nicht nur ein Ergebnis meiner beruflichen Erlebnisse, sondern auch ein Stück meiner Lebensgeschichte. Ich hoffe, dass es Mut macht, neue Wege zu gehen, kritisch zu denken und das eigene Handeln zu reflektieren.

Von Herzen: Danke.

26 Quellen

Die in diesem Buch verwendeten Quellen dienen dazu, bestimmte Aussagen zu untermauern und Fakten zu belegen. Neben den explizit genannten Quellen habe ich mich auch auf zahlreiche weitere Materialien und Erfahrungen gestützt, deren genaue Herkunft sich nicht mehr vollständig nachvollziehen lässt. Ich habe mich bemüht, alle relevanten Quellen sorgfältig anzugeben. Sollte dennoch eine Quelle fehlen, so geschieht dies unbeabsichtigt.

Verwendete Quellen:

1. derstandard.de (2020, August 12). Hohe Managergehälter, unbeliebter Firefox: Mozilla steht vor dem Abgrund. Abgerufen am 11.11.2020, https://www.derstandard.de/story/2000120210882/hohe-managergehaelter-unbeliebter-firefox-mozilla-steht-vor-dem-abgrund

2. derstandard.de (2020, August 12). Mozilla kündigt ein Viertel aller Mitarbeiter und plant neuen Fokus. Abgerufen am

11.11.2020,
https://www.derstandard.de/story/2000119309360/mozilla-entlaesst-ein-viertel-aller-mitarbeiter-und-plant-neuen-fokus

3. tagesschau.de (2020, Juli 5). Was droht BaFin, Kunden und Aktionären? Abgerufen am 11.11.2020, https://www.tagesschau.de/wirtschaft/wirecard-faq-101.html

4. wikipedia.org (2020, November 6). Nokia. Abgerufen am 11.11.2020, https://de.wikipedia.org/wiki/Nokia

5. business-wissen.de (2019, April 9). Führungskompetenz und ihre Bedeutung. Abgerufen am 10. November 2019, https://www.business-wissen.de/hb/fuehrungskompetenz-und-ihre-bedeutung/

6. Gallup GmbH (2019, September 12). Engagement Index Deutschland 2019. Abgerufen am 09. November 2020, https://www.gallup.com/de/engagement-index-deutschland.aspx

7. franchiseportal.de (2020, Mai 14). Was ist Outsourcing? (Definition). Abgerufen am 10. November 2020, https://www.franchiseportal.de/definition/outsourcing-a-29075

8. arbeits-abc.de (2020). Outsourcing: Definition, Vorteile und Nachteile. Abgerufen am 10. November 2020, https://arbeits-abc.de/outsourcing/

9. spiegel.de (2015, Oktober 14). Dutzende Manager in VW-Skandal verwickelt. Abgerufen am 10. November 2020,

https://www.spiegel.de/wirtschaft/unternehmen/volkswagen-dutzende-manager-in-vw-skandal-verwickelt-a-1057741.html

10. Deutsches Institut für Wirtschaftsforschung (2015, Juli). Führungskräftemonitoring 2015. Abgerufen am 11. November 2020, https://www.diw.de/documents/publikationen/73/diw_01.c.51 0264.de/diwkompakt_2015-100.pdf

11. wikipedia.de (2020, November 5). Methatesiophobie. Abgerufen am 24.11.2020, https://de.wikipedia.org/wiki/Methatesiophobie

12. focus.de (2020, Juli 03). Immer mehr Eltern weigern sich, ihre Kinder zu erziehen – die Antwort einer Mutter. Abgerufen am 28.11.2020, https://www.focus.de/familie/eltern/familie-heute/kinder-nicht-erziehen-was-experten-sagen-wenn-eltern-sich-weigern_id_10182106.html

13. hrperformance-online.de (2018, September 28). Ein Drittel der europäischen Arbeitnehmer ist mit der Mitarbeiterführung unzufrieden. https://www.hrperformance-online.de/news/ein-drittel-der-europaeischen-arbeitnehmer-ist-mit-der-mitarbeiterfuehrung-unzufrieden

14. wikipedia.de (2020, April 28). SWOT-Analyse. Abgerufen am 16. Dezember 2021, https://de.wikipedia.org/wiki/SWOT-Analyse

15. mittwochs.online (2017, Oktober 25). 8 Regeln für den totalen Stillstand in Unternehmen. Abgerufen am 16. Dezember 2021, https://mittwochs.online/8-regeln-profkruse/

16. wikipedia.de (2020, April 13). Ignorantia legis non excusat. Abgerufen am 15. Jänner 2022, https://de.wikipedia.org/wiki/Ignorantia_legis_non_excusat

17. karriere.sn.at (2020, Juli 27). Was sich Führungskräfte von Jürgen Klopp abschauen können. Abgerufen am 01. Februar 2022, https://karriere.sn.at/karriere-ratgeber/arbeitswelt/was-sich-fuehrungskraefte-von-juergen-klopp-abschauen-koennen-90701620

18. derstandard.de (2023, Februar 16). Warum die Aufarbeitung der Covid-19-Maßnahmen so komplex ist. Abgerufen am 22. Jänner 2024, https://www.derstandard.de/story/2000143585049/welche-massnahmen-gut-gegen-die-pandemiegewirkt-haben

Hinweis: Sollte ich versehentlich Quellen nicht korrekt angegeben haben, bitte ich um Nachsicht.

27 Über den Autor

Ronny Kühn wurde 1979 in Merseburg, Deutschland, geboren und zog 1985 nach Österreich, wo er im Murtal aufwuchs. Schon früh zeigte sich seine analytische und hinterfragende Denkweise – er wollte nicht nur wissen, **wie** Dinge funktionieren, sondern auch, **wie sie besser gemacht werden können**. Dieser Drang, bestehende Strukturen zu optimieren, begleitet ihn bis heute und prägt seinen Blick auf Führung, Prozesse und Veränderung.

Nach der Pflichtschulzeit entschied er sich für eine technische Ausbildung und absolvierte eine vierjährige Lehre als **Maschinenschlosser und Universal-Schweißer**. Später folgte eine zweite, dreieinhalbjährige Lehre als **IT-Techniker**, wodurch er sowohl die Welt des Handwerks als auch die der modernen Technologie intensiv kennenlernte. Beide Berufe erlernte er in großen Unternehmen, bevor er 2003 nach Graz wechselte, um in der Privatwirtschaft neue Wege einzuschlagen.

Sein beruflicher Werdegang führte ihn zu einem namhaften Telekommunikationsanbieter, wo er sich vom **Callcenter-Agenten** bis zum **Teamleiter und Projektmanager** hochgearbeitet hat. Hier gewann er tiefe Einblicke in die Herausforderungen und Dynamiken moderner Arbeitswelten. Als Führungskraft leitete er zahlreiche Projekte und bewies dabei sein Talent, unterschiedlichste Meinungen und Perspektiven zu vereinen. Seine berufliche Laufbahn ist geprägt von einem klaren Fokus auf **Konfliktlösung, Lösungsorientierung** und den **Blick für das große Ganze**.

Nach einem schweren Burn-out erkannte er, wie wichtig es ist, die eigene Arbeit bewusst zu steuern und sie zu einem positiven Bestandteil des Lebens zu machen. Diese Erfahrung prägt seine heutige Philosophie: **Arbeit sollte nicht nur ertragreich, sondern auch erfüllend sein**.

Kurz vor einem zweiten Burn-out entschied er sich 2022 für den Schritt in die **Selbstständigkeit**. Mit über **30 Jahren Berufserfahrung** in verschiedenen Branchen wie **Metallverarbeitung, IT und Telekommunikation** sowie als **selbstständiger Berater und Webdesigner** versteht er, was es bedeutet, Menschen und Abteilungen auf einen gemeinsamen Nenner zu bringen.

Die Erfahrungen, die er mit unterschiedlichsten Führungspersönlichkeiten und insbesondere mit deren Teams gesammelt hat – von inspirierenden Vorbildern bis hin zu toxischen und manipulativen Charakteren – haben ihn dazu inspiriert, dieses Buch zu schreiben. Im ständigen Austausch mit Mitarbeitenden erkannte er schnell, dass gescheiterte Vorhaben und Projekte selten an schlechter Planung oder mangelndem Einsatz der Mitarbeitenden scheitern. Viel häufiger liegt die Ursache bei Führungskräften, die durch ihren Fokus auf das große Ganze jene aus den Augen verlieren, die letztendlich alles umsetzen und dafür sorgen, dass Kunden zufrieden und Projekte erfolgreich sind. Mit diesem Buch möchte er aufzeigen, **woran Führung wirklich scheitert, wie sie besser gelingen kann und was wahre Leader von schlechten unterscheidet.**

Ronny Kühn verfügt über eine Ausbildung als **Trainer und Unternehmer** und hat mehrere **Managementkurse** absolviert. Seine Leidenschaft gilt der **Schulung und Beratung,** wo er Menschen inspiriert, Konflikte zu lösen, effektiver zu kommunizieren und bessere Führungskräfte zu werden. Besonders der **Aufbau und die Vermittlung von Informationen** sind ihm wichtig. In diesem Rahmen berät er mehrere Unternehmen dabei, **Webseiten nicht nur als Visitenkarte, sondern als strategischen Vorteil zu nutzen.**

In seiner Karriere hat er unter den unterschiedlichsten Führungspersönlichkeiten gearbeitet – von visionären Vorbildern bis hin zu manipulativen Entscheidern. Diese

Erfahrungen haben ihn geprägt und sind Grundlage für seine **scharfen Analysen und praxisnahen Ratschläge**.

Heute gilt Ronny Kühn als Einzelkämpfer mit einem **starken Teamgeist**. Er unterstützt Unternehmen und Menschen dabei, nachhaltige und erfolgreiche Strukturen zu schaffen – mit klarem Blick für das Wesentliche und echtem Teamgeist. Dabei ist er bekannt für seine Fähigkeit, extrem schnell Lösungsansätze zu erarbeiten und Herausforderungen zu durchdringen, während sich typische Vorgehensweisen oft noch im Kreis drehen. Doch um echte Veränderung zu erreichen, braucht es ein neues Denkmuster und eine andere Art der Führung – sowohl in Unternehmen als auch im persönlichen Leben. Nur so kann wirkliche Verantwortung für sich selbst, für Mitarbeitende und vor allem für die nächsten Generationen bewusst wahrgenommen und übernommen werden.

Führung ist mehr als ein Titel –

sie ist eine Verantwortung.